JN218451

# 夢を使って宇宙に飛び出そう

JUMP OUT INTO THE COSMOS THROUGH DREAMING

存在の4つのフェイズを縦横無尽に探求する

松村潔

ナチュラルスピリット

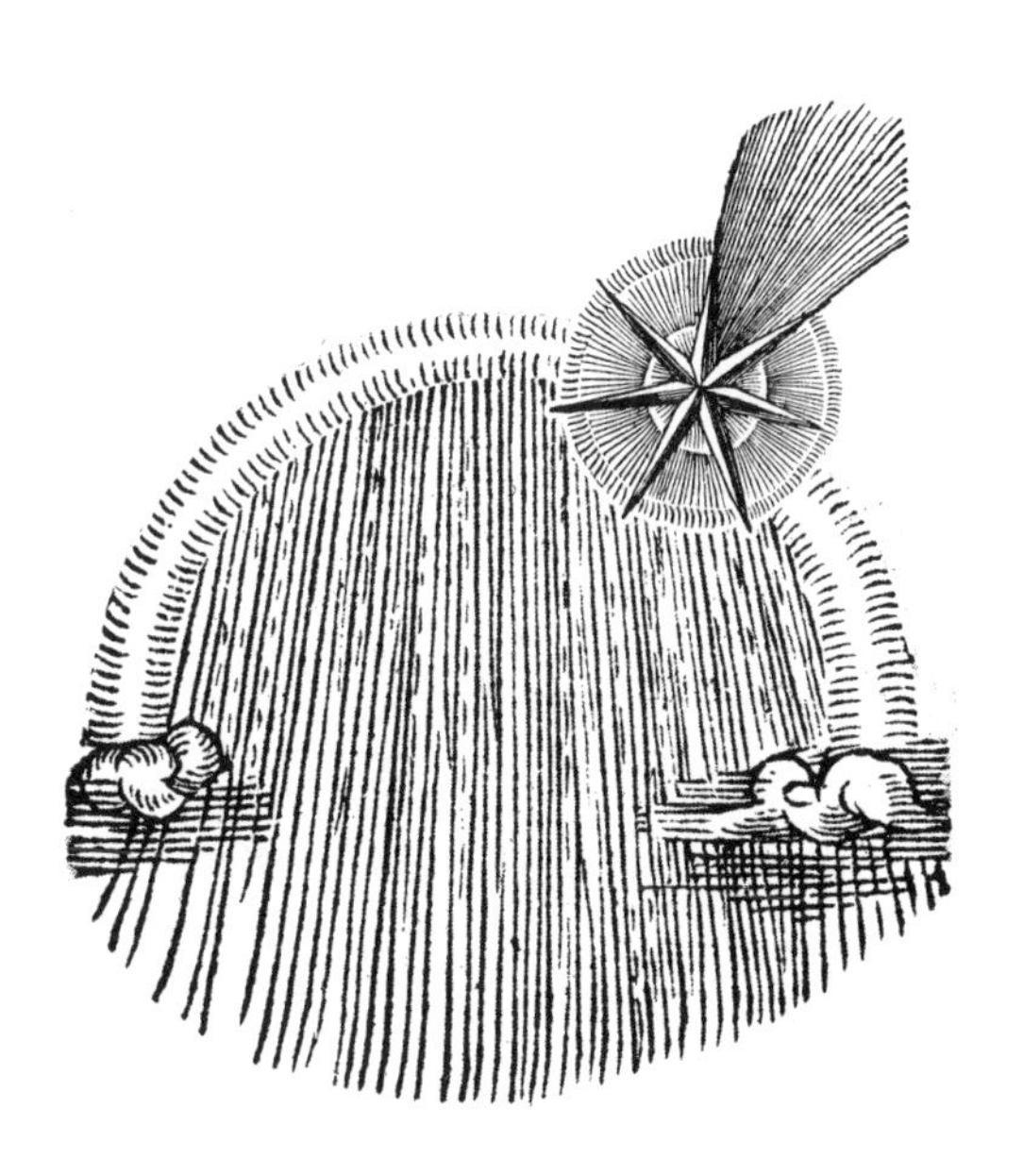

Contents 目次

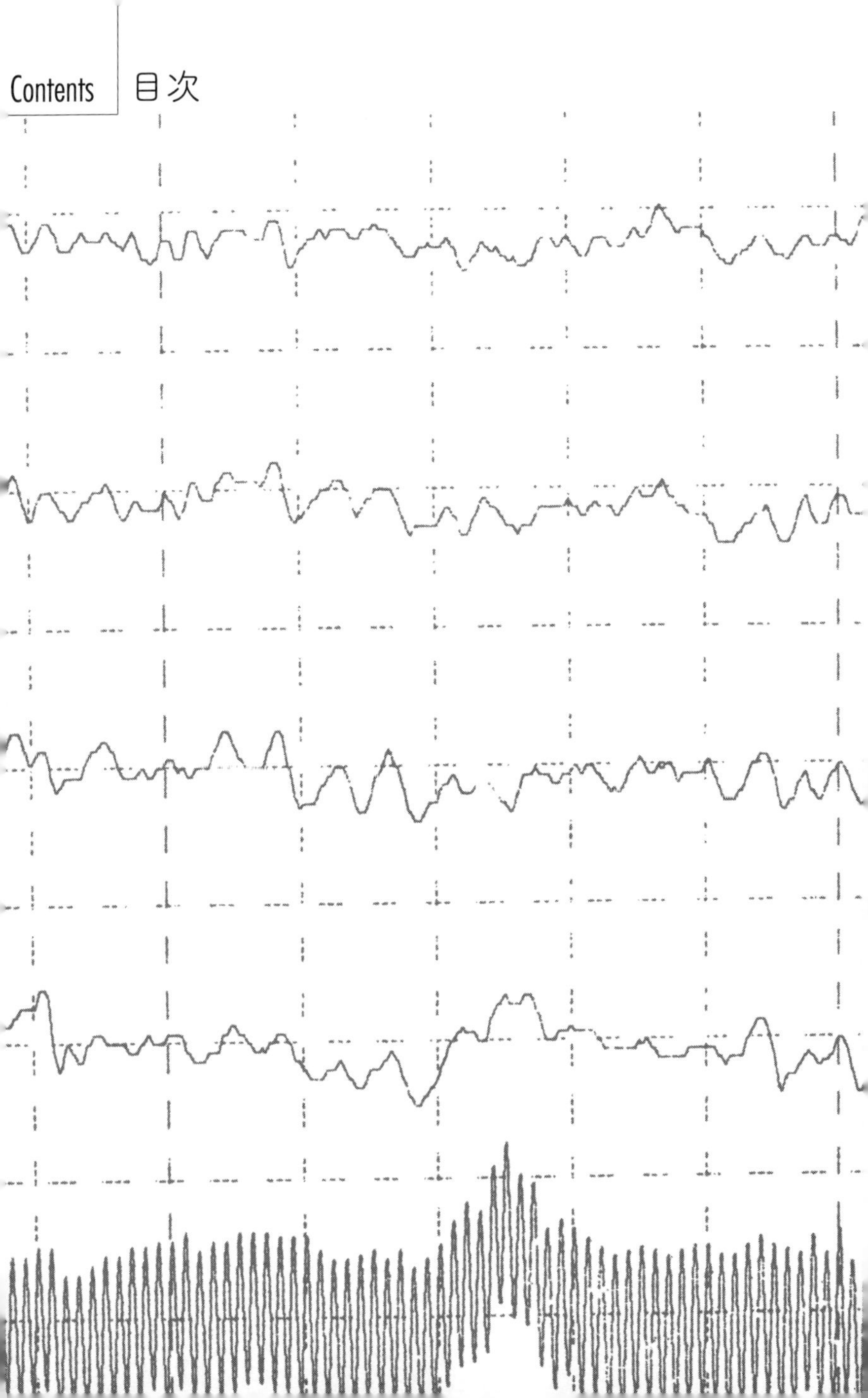

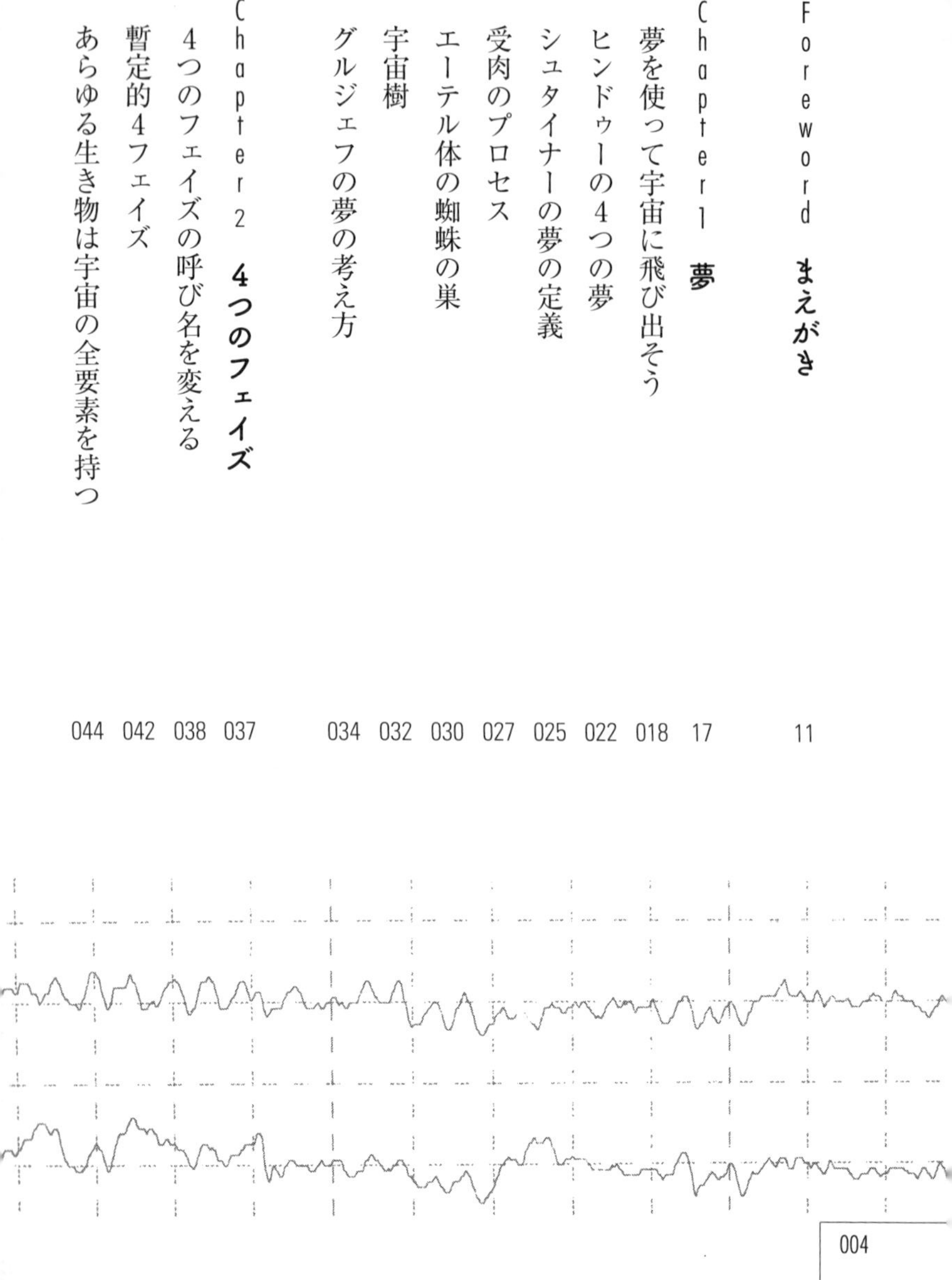

Contents 目次

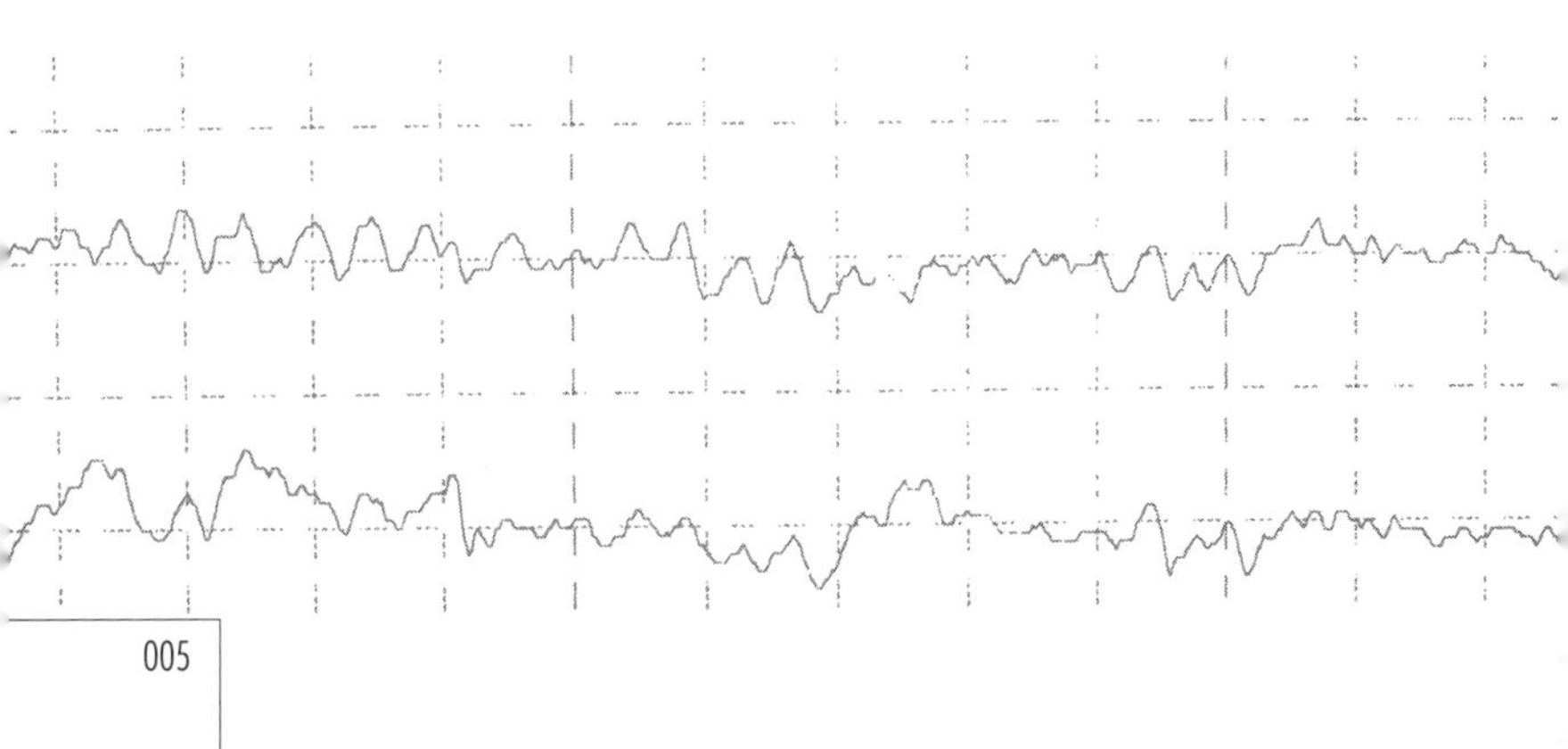

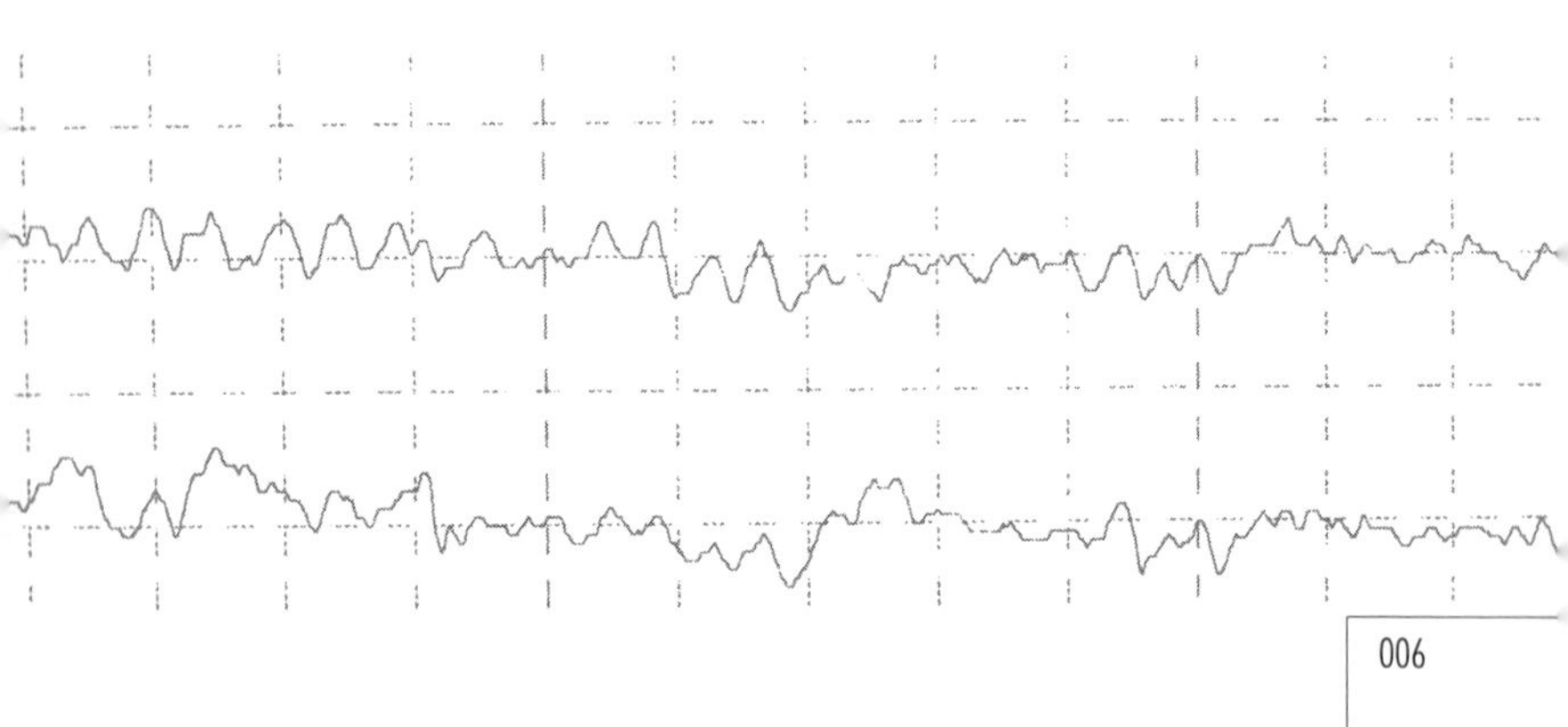

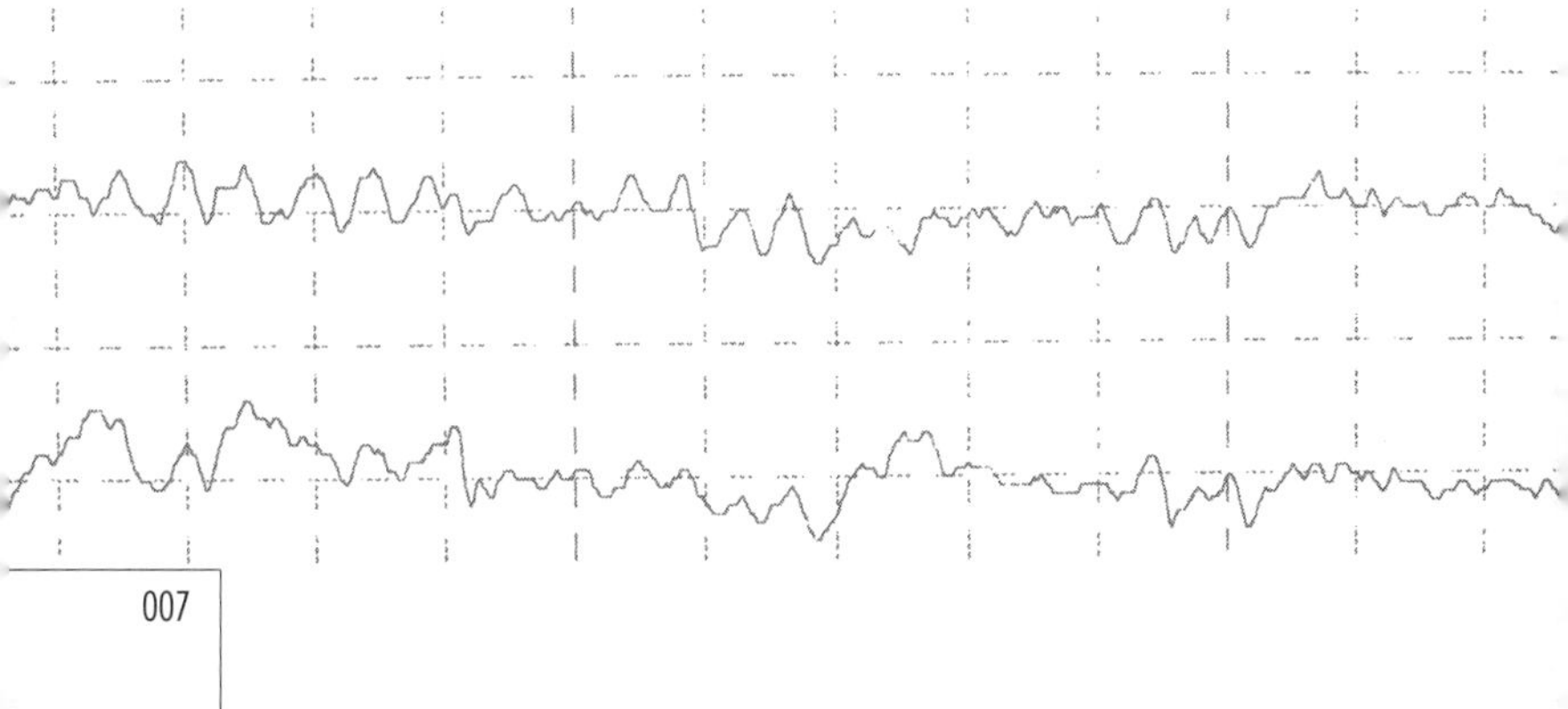

Contents 目次

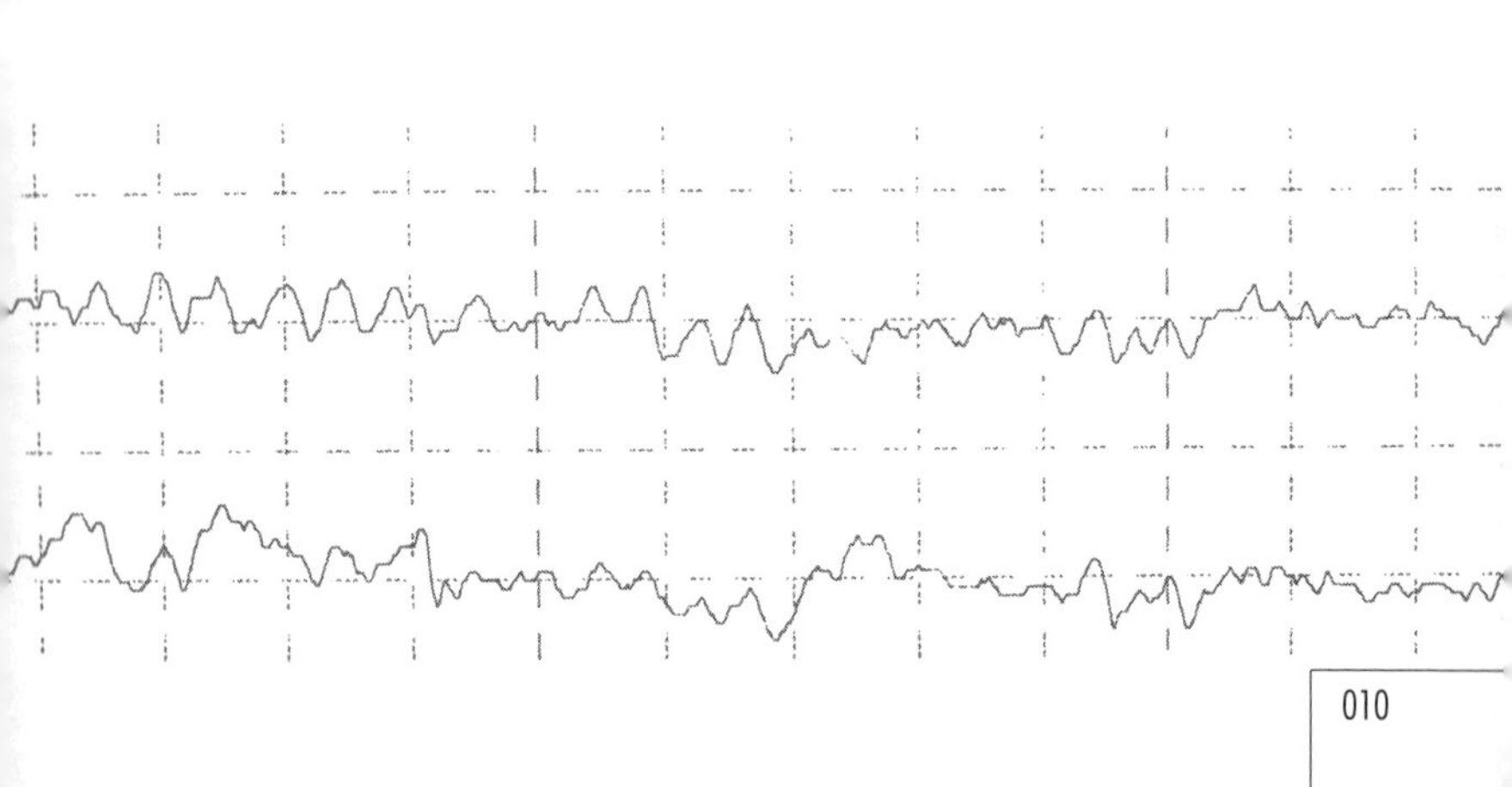

# Foreword まえがき

わたしたちは毎日何時間も睡眠をとっているが、そこで見る夢の体験を放置しておくのはもったいない。さまざまな修行は、運動以外のものがこの夢の中で実行することが可能であり、起きている時間と寝て夢を見ている時間をはっきりとふたつにわけて、自分はふたつの人生を生きていると考えたほうがいいのではあるまいか。最近、スターピープル回帰と、仙人になるのは同じことだと思うようになったのだが、この両方ともに、地球人の物質的肉体とは少し振動密度の違う肉体で生きることを意味している。この少し振動密度の違う肉体を手に入れると、これは最近よく言われるシフトした地球に住むということと同じになってくる。つまり物質的ではあるが、いままでの地球の平均水準の肉体とは違うのだ。そして、このようなシフトの方法については、夢の体験の中で探索するとよいと思われる。本書で説明しているが、夢の体験は、宇宙の究極の領域から、物質的領域に至るまでの複数の層を渡り歩くので、必要な情報が夢の中で手に入らないということはまずない。目的をはっきりさせると、夢はまず確実にそれに答える。

これについては最近ある夢を見た。ある外国人男性がタバコを吸いながら、

「聞かれたことには必ず答える」という返事をしていた。「ただし、期待どおりに答えるとは限らないけどね」と言い、メモを書いた一枚の紙幣をわたしに渡した。紙幣は国によって違う。つまりメモとしての回答は、形式とか言葉の形が違うかもしれず、それが期待どおりに答えるとは限らないということを意味しているのだ。これは夢は翻訳が必要だということを話しているのだが、それでも、確実に聞かれたことには答えると返答している。

最近、実験のひとつとして、眠る前に問いかけの記号を打ち込むということをしていたが、その後の夢ではかならずそれに応答があることがわかった。ただし夢は物質界ではなく、エーテル界以上の世界なので、物質界での言葉はほとんど持ち込めないというか受け取らない。日常会話のような記述にはまったく無反応だ。そこで、エーテル界、アストラル界、メンタル界に通じるような言葉を考え、形式を翻訳して眠る前にその言葉を発信するという、旧来からの方法を試みることにした。画家のオースチン・スペア*（Austin Osman Spare）はこのことについて非常に詳しい。

物質界に近い、あるいは物質界に接触しているエーテル領域、本書で書いて

＊オースチン・スペア
Austin Osman Spare。1886～1956年。イギリスの画家。若いころから天才的な才能の持ち主と称賛されるものの、秘教的な哲学や魔術の探究に没頭。経済的に無欲な生涯を送った。生前に私家版で出したいくつかの書籍は現在イギリスなどで出版されている。

いるフェイズ3の低い部分は、あきらかに物質に対しての影響力を持っている。しかし多くの人が期待するような物質生活においての幸福、富などをもたらすことにはエーテル体はまったく協力的ではない。エーテル体は物質界の価値観を主観、思い込み、一時的なものとみなしているので、それらをほとんど重視しないのだ。ここ最近ずっとこのエーテル体と物質体の接点部分をどうするかということについてわたしは考えている。考えているというのは、夢の中で考えており、それについて夢の中で、いろんな知性体から提案などもある。ちょっとした工夫で、わたしは毎日夢を見て、それを記憶することを習慣づけたのだが、このエーテル体と物質の接触部分は入り組んでおり、それだけでもかなり長い間探索ができそうだ。

この夢を見るということをもっとシステム化して、夢を見ることを通じて進化するということをひとつの「道」にしたほうがいいかもしれない。これは気楽で、怠け者でもできると思ったが、しかし実際に毎日夢を見てそれを記憶するということを試みると、これはこれでそうとうに大変な労力を使うこともわかった。生活の中で唯一放任できる空間を、意識的に扱うことになってしまうからでもある。目覚めた後の生活がその逃げ場になってしまうくらいだ。でも多くの人はこの夢の有効性についてあまり知らない。だから、それについてはどのくらい価値があるのかをもっと宣伝したい気持ちもある。

# Chapter 1 夢

## 夢を使って宇宙に飛び出そう

誰もが毎日睡眠をとっている。長い人では9時間、短い人では6時間か5時間程度。もっと長かったり短かったりと例外もあるが、毎日たっぷり睡眠に時間を使っているのだから、これを有効活用しないともったいないとわたしは思っている。精神世界に興味がある人は、特別なレクチャーやワークショップに参加しているかもしれないが、たいてい高額で時間もかかる。わたしの講座にも北海道や沖縄、海外からもやってくる人がいるが、そんなことをしなくても毎日何時間も使っている睡眠を活用して、自分を開発すればいい。

本書は、夢を使って宇宙に旅しようというものだが、実は誰でも毎日それをしている。だが、残念なことに肝心の体験を記憶喪失しているのだ。思い出せるとしても断片的で有力な手がかりが少ない。しかも象徴的すぎる。夢は確実なものを示していることはなく、日常のストレスが上がってきたノイズやガス抜きのようなものだと考えている人は多いが、それは夢が悪いのではなく、自分が悪い。たとえばラジオで放送を聞こうとしているのに、ラジオの性能が悪いのか、電池切れ直前なのか、よく聞こえないとしよう。そういう時に放送局を非難する人はいない。夢の仕組みを整理して考えてみよう。そして受信機としての自分をあらためて見つめなおし、解像度を上げてみよう。多額のお金を払って受講するレクチャーよりもはるかに価値のある体験ができる。

実はわたしは昔から夢に多大な労力をかける人間だった。夢をノートに記録しはじめたのは中学生のころで、高校生の時には毎日このことに集中し、1カ月でノート一冊が埋まるとすぐに新しいノートを買った。夢の神秘的な魅力にとりつかれたと言ってもいいのかもしれない。謎に満ちていて、きっと何かがあるに違いない。意味はわからないが、何かすごいということだけはわかる。そうするとしだいに象徴解読のような技術が身についてくる。あるグルは集まってくる弟子たちから見た夢の話を聞くのだという。その夢の解釈が、そのグルの教えだ。この場合、夢そのものというよりも、その解釈のしかたに思想があり、弟子はそれを教わりに来たのだと思う。自分に縁遠そうな抽象的なことを教わるよりも、身近に見た夢に沿って解釈を聞くと、それは身に染みる。

そんなふうに中学生、高校生のころから、夢解釈に没入していたので、学校の勉強や将来の仕事の準備をすることなどに割く時間はなかった。そして高校生の半ばごろから、夢の世界の日常への侵入が強くなったと思う。頻繁に悪夢を見て、叫び声をあげて目が覚めるということもあれば、不眠症になり、本人だけが眠れないと思っているが、実はもう寝ていて、この起きているつもりの夢の中で壁がゆらゆら揺れたり、部屋のピアノが勝手に鳴ったりなどの体験をした。

20代では毎日、紺色の縁どりのある黒い制服風の衣装の若い男性ふたりがやってきた。いま思うに、彼らはわたしの教育係だったのだろう。実に几帳面な性格で、「依頼されたことを調べてきました」と、ある情報をわたしに伝えてきた時も、わたしには依頼した記憶はなかった。もちろん依頼したのだが、それは自分で意識していない別の部分の自分だ。

一度も就職したことはなく、世間的な仕事はごくたまにするだけだったので、いまは65歳だが、どうも、わたしの人生は夢とともに生きる部分の比率が多く、世間の中に入る比率がほかの人よりも少なめだったように思う。数年前にわかったことだが、わたしは地球に入る時にデネボラ*の助けを借りており、これ

*デネボラ　Denebola。しし座ベータ星

はアウトサイダーの星で、いろんな人をウォッチングはしても話しかけないという性質だ。確かにコリン・ウィルソンやヘルマン・ヘッセは性にあった。

たぶん世の中にはそんな人がたくさんいる。なんとなくこの世界に入るのが居心地が悪い。全身ずっぽり、この世界に浸りたくない。半分足を入れて、残りは違う世界を見ていたい。最近、わたしはこの手の人をスターピープルと呼ぶことにしている。あるいはアントロポス*だ。アントロポスは最初、神のそばにいた。やがて世界造物主が作った世界というものに好奇心を抱いた。興味を持った瞬間、もう彼は世界の中にいた。だが、戻り方がわからず、あれこれとあがいている。たんにちょっと興味を持っただけなので骨まで埋めるつもりはさらさらないのだ。興味を抱いた瞬間にすでに世界の中にいたのも、意識は何かに興味を抱くことで、瞬間的に自分と対象に二分化され、この二極化されたところでの視点を持つことこそが世界の中にいることであり、そこでの自分のものの見方が世界から脱出できない肝心な理由を作り出すからなのだ。暴れれば暴れるほど強く締まってしまう狩りの罠のようだ。世界は陰陽の二極化で維持されており、二極化が統合されるとその瞬間世界は消える。『スターピープル』

*アントロポス
ヘルメス主義における原人間。

という雑誌にコラムを連載することになってから、非二元（ノンデュアリティ）などというハイカラな言葉を覚えこんだのだが、アントロポスに戻ることはつまりはノンデュアリティに戻ることでもあると言える。

## ヒンドゥーの4つの夢

ずっと昔に読んだ本には、ヒンドゥーの思想にちなんで夢は4つの階層があるということが書いてあった。書名もまた内容もあまり覚えていないが、4階層もあるとは映画の『インセプション』とか、そのもとネタになった『パプリカ』*みたいで面白い。

朝起きる直前の夢はたいていカラーで、現実世界に近い生々しさもあるが、これは4つのうちの最後のレベルの夢だ。そこから3番目、2番目、1番目へと進むにつれて、意識の奥まった場所に行き、色彩もなくなり、抽象度が高く、人によってはなかなか記憶に残らない。見たことさえ覚えていない。というのもその場所では「自分が不在になる」こともあるからだ。自分が不在になると、目撃者そのものもいなくなるので覚えていられないのは当然だ。実は完全に不

*パプリカ
筒井康隆の長編ＳＦ小説。今敏監督でアニメ化された。

在かというと、見た印象に同一化しているだけで、〝印象を対象化して見ているわたし〟というところが不在になったのにほかならず、何かを体験した気配はあるが内容はわからないということになりやすい。たとえるなら、自分を見ろと言われても、自分は自分と一体化しているので、くるくる回っても見えないようなものだ。

わたしは10年以上前に交通事故で骨折をした。救急車で外科病院に運ばれ、麻酔を打たれて手術を受けたが、手術後も痛みを抑えるために麻酔は続いていた。しかし、この時ほど深く眠ったことはないと感じた。とことん底まで行った実感があり、深いやすらぎを感じた。長年の疲労がことごとく消えた。こういう時には夢も見ないというのはおそらく間違いで、見たはずだが、深すぎて記憶が追いつかないのだと思われる。この状態がヒンドゥーの夢の4段階の一番奥、フェイズ1だと思う。フェイズ1は深すぎて人の意識がついていけない。そして根底的なやすらぎと満足感を感じる。人が死んだ時には「永眠した」というが、フェイズ3とかフェイズ2だと、まだざわざわ動いているかもしれない。しかしフェイズ1だと根底から落ち着いていると思う。

そもそも手術や治療というのは、壊れた身体を元に戻すことではない。だいたい、人間には元に戻るものなどひとつもない。何か思い出す時も記憶をそのまま復元することはなく、思い出すつど新たに組み立てており、記憶とは少しずつ内容が変わる非可逆圧縮データのようだ。

シータヒーリングのように意識の根底に戻り、そこから違う場所に降りなおすというイメージで説明したいが、変化したい時には、そのまま横にはシフトできないので、けがをしたり病気になったりする。それを利用して工事すると思えばいい。工事現場を見れば建物を一度解体し、作り直している。多くの場合、この作り直しの「意図」というものを自覚していないので、本質的な面が違うものに変化したことへの自覚がなく、表向きの形が元に戻ることを治療だと思い込んでいる。そういうわけで、わたしは交通事故で骨折し、フェイズ1の意識に戻り、そこから降りてくる時に変容プロセスをたどり、同時進行で手術をし、そしておそるおそる時間をかけて、日常の状態に降りたと思えばいい。

どういう意図で、どう変化したのかは今でははっきりとわかる。この変化のためにはフェイズ1まで行かなくてはならなかった。しかしこのような体験は過去にもあったことを思い出した。理由もわからず唐突に3日ほど昏睡していたこともあった。

## シュタイナーの夢の定義

シュタイナーは、寝ている時には肉体にエーテル体が残り、アストラル体が遊離するという。このエーテル体とアストラル体というのは神智学用語なのだが、シュタイナーの体系では、人間のボディには、物質肉体、エーテル体、アストラル体、自我という4つの階層があるという。古来からこの4つの分類はとてもなじまれており、普遍的な知識と言えるもので、体系によって違う名前になったりはするが、意味はほぼ同じものだ。

眠る時には肉体にエーテル体が残るが、死んだ場合には肉体からエーテル体が離れる。といっても、離れるには多少時間がかかることもあり、土葬した場合には、しばらくは肉体に付着したまま、エーテル体があきらめきるまでは離れない。このあきらめずに残っているエーテル体の濃い部分は「魂魄（こんぱく）」の魄（はく）の部分で、ハワイのカフナ*などの呪術にはよく使われていた。

*カフナ
ハワイに古来から伝わる呪術、または呪術師のことを指す。

やがてエーテル体は肉体から剝離して、これまでの体験を回想し、記憶を編集したり整理してまとめたら、集合記憶庫のような情報センターにそれを保管し、その後にエーテル体からアストラル体が離れる。こんどはアストラル体の側から、エーテル体にたくさん残った体験記憶をまとめて、取り上げる必要はないと感じたものはカットし、無駄なく上手にまとめて、それにふさわしい情報センターに保管する。常にひとつ上のものからでないと、情報はまとめられない。したがって現世的な体験は、エーテル体レベルでまとめるし、これと物質体レベルの体験の記憶はかなり様相が違う。

まったく同じことを、自我はアストラル体の記憶に対して行う。回想し、整理し、要約やエッセンスを抜き取ると、自我はアストラル体から去る。次回生まれるときにはこの反対のプロセスが起こる。十二単衣ではないが、自我はアストラル体をまとい、アストラル体はエーテル体をまとい、エーテル体は肉体をまとう。肉体は、食事をして、もっと重たい物質を身体の中に取り入れ、海から浮かばないように錘をつけた状態になる。肉体を伴う生存とは、鎖をつけてじゃらじゃら音を立てながら歩いているような状態なのだ。

## 受肉のプロセス

死んだ人は、もう物質世界で新しい体験はできない。するとこれまで体験した思い出を反芻して、この中からエッセンスを引き出すということになるのだが、これは体験の思い出の中から、意味を見出す行為だ。生きているわたしたちは新しい体験を求めて冒険をするが、ここに刺激はあるが、果たして意味があるのかどうかはわからない。むしろ意味なんか考えていたら新しい体験はできない。新しい体験の印象は素材として新鮮であるが成分は粗い。死者はすでに体験したことを反芻して、ここから精妙な成分を抽出する。

わたしは多くの本を書いてきたが、どの本にも必ず同じ概念や同じ体験の記憶を繰り返し入れることが多く、本書でもそういう内容が複数ある。わたしの読者は定番のあれが出た、と思うことが多いはずだが、わざとそうしている面がある。まずそもそもその同じ内容からわたしが離れられないということが多い。刑事がたびたび現場に戻るように、解明し尽くしたと判断できるまでは繰り返しそこに立ち戻る。同じ内容でも、まだ何かあるはずだと考える。ひとつの体験からは数多くの意味が抽出できるが、メンタル界というのはロゴスの世界をあらわしており、体験の芯にあるロゴスというものが明確に抽出できたら、この思い出からは離れる。その点で、わたしが書く本の中で、もう同じネタを出さなくなったら、それはエッセンスを吸い尽くし、体験は抜け殻になり、わたしがそれを取り上げる意義を感じなくなったということなのだ。ある時期から、こうやって、同じ題材を何度も取り上げようと決めたのだ。その点ではわたしは死者のようなのかもしれない。もっと歳をとると、もっとひどくなるに違いない。クラシック音楽好きも似ている。よくもまあ飽きずに毎年ブラームスを聴いているもんだと感心する。こういうふうに何度聴いてもしゃぶりつくせない音楽は、たいていメンタル界要素を持っている。

この受肉プロセスで身にまとうアストラル体、エーテル体、肉体は、実はまだあまり使ったことのない新品で、誰かの使い古しではないかもしれないが、そのぶん乗りこなしに苦労する。何もかもが新しい体験とも言える。あまり苦労したくないので中古を手に入れる人はかなり多い。むしろ新品を手に入れる人のほうがチャレンジャーかもしれない。よく人は何度も生まれ変わるというが、地球に初めて生まれてきた人もいる。都会に初めて出てきた田舎者のようにすべてが新しく、うろたえることばかりで、こういう人は50歳くらいまで不適応に苦しむ。たとえば、わたしは占星術を長くしていたが、これは山田孝男*という人が使っていた中古を、あとで自分用に改造した。そのため両方知っている人は、わたしの書いているものに何か山田孝男氏のかすかな匂いを感じる人がいるはずだ。山田孝男氏の本を引用しているのではなく、エーテル体成分の引用だ。ただ、より上位の意識が関与すると、このレンタル衣装も結局はかなり変わっていくので、もとの痕跡がなくなることもある。最初にかなり整えられていたものを使うというのは、肉食獣は野菜を食べないが、そのかわりに草食獣の腸を食べるようなもので、酵素分解の手続きを省略したようなものだ。肉体からエーテル体、エーテル体からアストラル体、アストラル体から自我に移行するつど、要約データを公共図書館のようなところに保管するというのは、アカシックレコードのアップデートであり、この図書館はどこからでもアクセスできるという点ではなんとなくウィキペディアにも似ている。

*山田孝男
1942〜2003年。神秘思想家にして日本における瞑想指導の第一人者。TM(超越瞑想)を初めて日本に紹介した。本格的な西洋占星術の研究家、指導者でもあった。

## エーテル体の蜘蛛の巣

毎日わたしたちは夜に眠るが、これは〝プチ（petit）死〟のような体験で、眠った後にエーテル体の知覚に移る。ただし、死んだ時のようにエーテル体が肉体から離れることはない。夢の4つのフェイズは、このシュタイナーの言う意識の4つの階層をそのままたどった体験なのだ。わたしたちは毎日、宇宙的な4つの階層の体験を模型的に再現していると考えるとよい。なぜ模型的なのかというと、もちろん肉体につながったままなので、肉体の受容器の範囲に応じてコンパクトになっているからだ。ダイレクトに体験すると肉体が壊れてしまうので、そっと小さく体験するのだ。

ただし夢の体験はヒンドゥーの4階層のようにはなっていない。なぜなら、昼に起きて活動している部分が一番下のフェイズ4の段階だからだ。ヒンドゥーの4階層は、半分起きてぼうっとしているような状態をフェイズ4として組み込んだものかもしれない。まるで現実であるかのように鮮やかな夢というところからするとそうだ。

わたしは最近はあまりそう感じたことはないが、昔は、眠り込む時に、暗い奈落に回転しながら吸い込まれていくような実感があった。身体の上下感覚がなくなり、身体はくるくると回る。そして鳴門の渦のようなところに落ちていく。身体感覚が持つ上下左右などの感覚はなくなり、こんどはエーテル体の空間感覚に交代する。体はもうどこにあるのかわからない。

わたしはよくエーテル体のことを網目でできたものと呼ぶのだが、このレベルに入ると、人はよく金縛りにあう。身体感覚が凍結し、身体が動かなくなるので、これはエーテル体の蜘蛛の巣につかまったという印象で考えるといい。エーテル体の網目の隙間には空いた空間がある。たとえばプラトン立体の正二十面体にたとえると、空間には正三角形が複数存在する。シュタイナーは、本来はエーテル体の上位にあるべきアストラル体が物質世界に欲を抱いたので、役割が交代し、エーテル体はアストラル体の上の次元を受け持つようになったという。アストラル体がその下に位置するというよりも、エーテル体が下位と上位に分かれたと考えたほうが正確だろう。しかし物質世界に関心を持ちすぎ

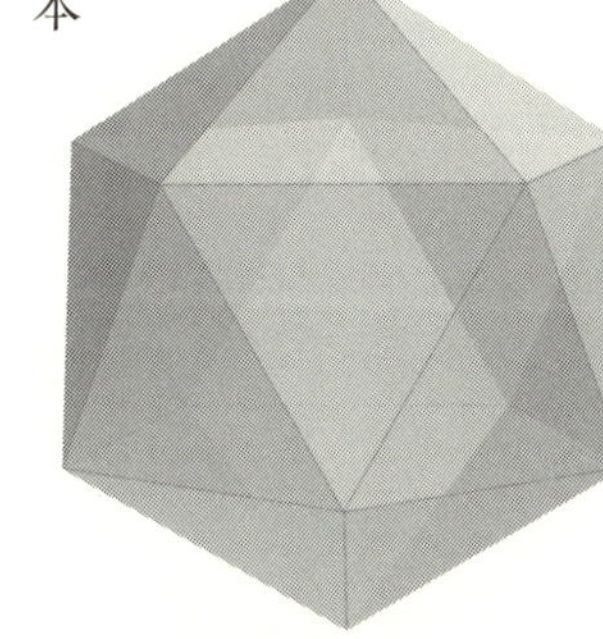

たアストラル体は、そのまま物質肉体に化けてしまう。あるいは肉体に張り付いて同一化する。シュタイナーは物質界は鉱物質を借りているというが、もっと細かく言えば、火、空気、水、木の繊維、鉱物、金属などをぶらさげて、アストラル体はここにしかない物質体に化けた。動けないように自分を鎖で縛ったのである。

## 宇宙樹

なんでも波動的に考えていく意識だと、同じ型のものはすべて同じとみなしてしまうので、プラトン立体の中にある20個の正三角形はすべて同じ形という意味でひとつにカウントされる。ところが物質世界に興味を抱いたアストラル体は、このうち、どこかひとつだけの正三角形に没入し、そこからどこにも移動できなくなってしまった。

反対に本来のアストラル体は、同じ形のものはひとつのものとみなすという点で、この20個の正三角形のどこにも移動できる。エーテル体が作り出した蜘蛛の巣、網目に沿って、あらゆるところに移動するのだ。もちろんアストラル体の目からすると、自分が移動している自覚はなく、むしろ時間と空間の区別がないと考えるとよい。過去にも未来にも、また遠く離れた場所にもそれは出現するので、ユングの言う元型と考えるといい。

シュタイナーの「エーテル体は肉体と結びついたまま、アストラル体が離れていく」という内容をわたし式に説明するとこうなるのだ。子どものころの夢に、世界の空気のすべてに狐が詰まっているというものがあった。空気は狐パズルなのだ。一匹の狐のどこかを押すと世界のすべての狐に伝わる。この場合、網目の隙間は狐の輪郭になっており、きっちりと狐で埋まっているので、狐には空気のあるところで自分が移動できない場所はない。しかも狐からすると自分は1匹しかいないと思っている。エーテル体のことをボン教では「天国への糸」というが、この網目を伝って、わたしたちは宇宙のいろんな場所に旅することができる。エーテル体は空気あるところに張られた糸ではなく、もっと細密なものとして宇宙に張り巡らされている。エーテル体は植物の力を借りていると言われているので、これは宇宙樹のようなものだと考えるといいだろう。自分では動けないが、そのぶんあちこちに手を伸ばし、宇宙をくまなく繊維で覆い、ここを綱渡りしながら宇宙の果てまで行くことができる。

## グルジェフの夢の考え方

グルジェフは、眠って夢を見るのはあまり好ましいことではないという言い方をしていた。結果として、グルジェフの学習者たちは夢を見てしまうとなんとなくよからぬことをしてしまったと後ろめたさを感じたりもする。グルジェフの考えによると、睡眠している時には、身体にある各々のセンターの連結が切り離され、それぞれのセンターがそれ自身の機能の中に閉じこもる。その結果として、すべてのセンターを結び付けた自我、あるいは人間の働きがストップする。あらためて目覚めたときには、またこのセンターどうしが結びつき、人間工場が再起動するというわけだ。

動作・本能センター、思考センター、感情センター、ほかいくつかのセンターは、所在地が身体のあちこちに分散しているように見えるが、空間的配置ではそのように分散していても、働きと

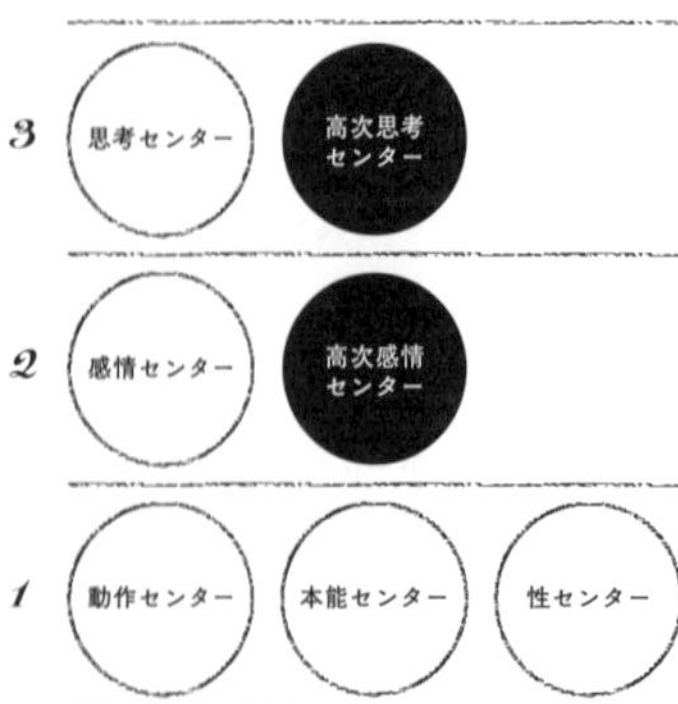

してはこれらは同心円で同期を取っている組織だ。眠るとエーテル体は少しずれるが、それでも身体の位置に残り、アストラル体が離れると、メンタル体もアストラル体とともに身体から離れるなどという見方は、グルジェフ式に言えば、センターがそれぞればらばらになっていくということに等しい。夢を見るのは、それぞれのセンターの情報が漏洩しているのだと説明されるが、そこに自我の働きが関与すれば、当然そのセンター特有の振動密度の情報は洩れるというより、意識に受け取られることになる。寝ている時には、意識が高次なセンターに向かってひとつずつ移動するか、あるいはこんどは高次なセンターからひとつずつ降りてくるということが生じる。また、目覚めるとすべてのセンターが一気に連結されるかというとそうでもない。上位のセンターから降りてくる時に徐々に連結されていくと考えるとよい。グルジェフの説明は、眠りにおちた後、あるいは死んだ後に、身体からエーテル体、アストラル体、メンタル体へ移行するということと、内容はまったく同じなのだ。

高次な感情センターと高次な思考センターは誰の中にもある。しかし、それらが自我と結びついていないことも多く、その人の活動の中に、それらのセンターの影響があまり反映されない。この場合、個人の個性は普遍的な広がりを持てなくなり、地上で孤立したスタンドアロンの機械のようになっていく。反対に高次なセンターが繋がると、低次の個は高次な力に貫かれ、その地上においての代理店のような役割を担う。

# Chapter 2 ４つのフェイズ

## 4つのフェイズの呼び名を変える

馬車、馬、御者、主人などとヨガでは呼ばれたり、あるいは肉体、感情体、知性体、第4の身体などと言われたり、カバラではアッシャー界、イェツィラー界、ブリアー界、アツィルト界と言われたり、さまざまに言い換えられる4つの階層だが、ここで名前を整理しておきたい。わたしがもっとも慣れている分類としては、長らく占星術をしていたこともあり、惑星、全惑星、太陽、全太陽というふうな分類がしやすい。といっても、占星術には月、惑星、惑星を全部あわせた全惑星、地球の身代わりの太陽というものしか入っておらず、真実の太陽についてはまったくのところ取り扱いされていない。あるいは、わたしのほかの著作には必ず登場するグルジェフの水素番号も分類には使いやすい。またかと思われるが、これがあまりにも便利なので、後でまた出すことにする。ヘミシンクに凝っていた時には、フォーカス番号でも考えていたが、これは確定要素が少ないので、わりに使いにくいと思う。比較的細分化しているので、特定の振動密度を特定しやすいとは思うし、各フォーカス番号をこまかくほじ

| | | | | |
|---|---|---|---|---|
| 1 | 全太陽 | アツィルト界 | 第4の身体 | 主人 |
| 2 | 太陽 | ブリアー界 | 知性体 | 御者 |
| 3 | 全惑星 | イェツィラー界 | 感情体 | 馬 |
| 4 | 惑星 | アッシャー界 | 肉体 | 馬車 |

くりたいが、伝統的なおおまかな分類でいいのではないかと思う。

これらの分類は科学ではほとんど扱えない。というのも科学が形で考えていく思考法であるのに対して、この4つの分類は振動で考えていく思考法なので、基本的に相いれないのだ。たとえば、気分がよくなってハイになるのは、腸でエンドルフィンが生産されて身体を巡ったからだと科学は言う。コーヒーを飲んでも、アルコールを飲んでも、ヨーグルトのカゼインでも、サドンデスソースを食べても、マラソンをしても、エンドルフィンは出る。こういう時、振動的な発想からすると、気持ちよくなるにも質があって、どれも同じではない。クオリアなどという言葉を科学者から聞くのは信じられない。しかし振動密度で違いを識別するのは、誰もが勉強しなくても、知識がなくてもわかるもので、実感として理解できることが多いのだ。

シュタイナーの物質肉体、エーテル体、アストラル体、自我の分類はやや問題がある。というのも、人間の自我というのはアストラル体の上にあるものでなく、実はどこにでも構築できるものだからだ。自我は知覚の束、アセンブリッジ・ポイント*と呼ぶ。人体では、血液が血管を通る時に摩擦を起こし、この摩

*アセンブリッジ・ポイント
assemblage point
カスタネダが著作の中で言及した。

擦が知覚や自覚を作り出すので、体中に張り巡らせた血管が集合する心臓に植物系の自我がある。植物系というのは簡単に言うと「動けない生き物」だ。もうひとつ、脳に動物系の自我がある。動物系は一言で言うと「動く生き物」である。一部の脳科学では、人間の自我は脳にあると主張する意見があるが、もっぱらこれは動物系の自我で、この動物系の自我は、上位にあるエーテル体、アストラル体に至ることができず、そこに行こうとするとその手前で仮死状態になる。植物系知覚の心臓の側の自我はらくらく先に進むことができる。

自我はどんな階層にも設定できて、そこに存在の重心を形成する。しかしこんにち、自我という言葉はたいていエゴをあらわすもので、個人が持つものだと考えられている。そのため、シュタイナーの自我という言葉を多くの人は誤解する。翻訳する時に違う言葉にしておいたほうが勘違いがなくてすんだと思うのだが。自我とは自覚し、記憶し、自分という連続性、つまり重心を作り出す要素だ。犬の重心と、人の重心はあきらかに違う場所にある。シュタイナーの分類では混乱するので、神智学的に、4つの階層は、物質界、エーテル界、アストラル界、メンタル界と呼ぶといいだろう。

| | | |
|---|---|---|
| 1 | メンタル界 | 自我 |
| 2 | アストラル界 | アストラル体 |
| 3 | エーテル界 | エーテル体 |
| 4 | 物質界 | 物質肉体 |

もちろんシュタイナーはこのことは重々わかりきっていて、物質界とエーテル界とアストラル界とメンタル界があり、そこにバッファ領域を創り出し、人間は肉体とエーテル体とアストラル体と自我があると説明しているのだ。自我はメンタル界に対応するが、それは「理想的には」という話で、脳科学のように、物質的組織、すなわちフェイズ4領域に自我のセンターがあるとみなすこともある。シュタイナーは神智学のリードビーター*僧正を暗に非難していて、リードビーターはアストラル体に自我があり、メンタル体が発達していないと言いたげな文章が著作にはある。

もちろんメンタル界の上にはまだ階層がある。これは果てしがないし、議論してもしようがない。電車のレールが二本走っていて、ずっと先を見ると、それは点になる。点の先は何があるのかと興味を抱く人はいる。興味があれば、その先を追及してもいいが、そもそも人間の意識がその先まで働かない。その人は不在になるのだ。不在になる人に限って、必ずその先は何があるのかを聞きたがる。食い下がると、1時間でも2時間でもやめないので、自分で探してくださいと答えるしかない。荷物を減らすと、その先に行ける。荷物とは、意

*リードビーター僧正　チャールズ・W・リードビーター。1854～1934年。神智学協会の初期の指導者。クリシュナムルティを見いだしたことでも知られる。

識が同一化している印象のことだ。人はどこまで行っても必ず何かの印象に自己同一化している。空海は、本質とは感覚ではないが、しかし感覚を通してしか表現できないと言った。自己同一化している印象とは感覚的成分でもある。同一化しているものがあると、その人は重いし、匂う。誰もが自分の比重に応じた世界にぷかぷか浮かんでいて、荷物を捨てないと、自分よりも軽い世界に行くことはできないのだが、メンタル界の先になると、思考、思い、概念、言葉、イメージなど表現可能なすべての荷物を捨てて飛ぶことになり、ほとんどの人が肝心の自分の意識を脱ぎ捨てるはめになる。

## 暫定的4フェイズ

暫定的に、次のように階層を分類しよう。

| | | |
|---|---|---|
| 惑星意識 | 物質界 | フェイズ4 |
| 全惑星意識 | エーテル界 | フェイズ3 |
| 太陽意識 | アストラル界 | フェイズ2 |

## 全太陽意識 メンタル界 フェイズ1

これはグルジェフの分類とは違う。グルジェフは、物質体の次の全惑星意識をアストラル体と呼び、太陽意識をメンタル体と呼んでいる。実はこれにも面倒な話があり、太陽をひとことで太陽意識とは呼べないのだ。太陽には3つの顔があるからだ。これらについては後に説明することにする。

夢の4つのフェイズは、まず肉体から離れると全惑星意識に向かい、次に太陽意識に向かい、その後、全太陽意識にまで至る。そこまで至らない人は、途中で仮死状態になっているか、死んでおり、どこまで記憶を辿れるかは当人しだいであり、人によりかなり異なる。

睡眠から覚める直前のすれすれのところで意識を取り戻す人もいれば、自我が肉体や脳で構成されているために、起きるまではまさに死んでいる人もいる。これはなんとかしたほうがいいと思う。というのも、肉体を自我にしている人は、文字通り、死後にはその人は存在しないからだ。よく来生があるとか、輪廻があるとか言われているが、この人にはそれがない。船が沈むと一緒にその人も沈没する。グルジェフはこの物質体で生きている人を地球素材で作られた人間と呼び、塵から作られ塵に戻ると説明している。

アメリカの未亡人は夫が死ぬとパニックになる人が多いらしい。だが、日本の未亡人はまだ近くにいる気がすると言って、パニックになる比率が少ないという。中にはその後何年も死んだ夫と会話し続ける未亡人もいる。ちあきなおみが、その代表例かもしれない。アメリカ、西欧人のほうが塵になる比率が高く、日本人はまだ塵になる人が少ないのかもしれない。教育によってこの違いがあらわれる。死後その人は存在しないと言われ続けると、そういう信念体系に取り込まれてしまうのだ。アメリカ人、西欧人というと語弊があるので、西欧型思考構造と言い換えよう。アメリカ人、西欧人の中にも、塵に戻るとは考えない人がたくさんいるからだ。

## あらゆる生き物は宇宙の全要素を持つ

夢を使って宇宙に旅しようという時、太陽を突き抜けて太陽系外の星雲界や恒星に旅するのは、フェイズ2やフェイズ1の領域に行くことに等しい。わたしたちは毎日ここにまで至っているのだが、意識が深層すぎて、それを思い出すことができないか、かろうじて思い出しても断片が残るだけという状態になりやすい。それでも確実に体験はしている。というのもこの宇宙に存在するあらゆる生き物は、宇宙のすべての要素を持っており、生物によってその比率が違うだけなのだから。わたしたちは肉体にあらゆる成分を持ち、神も大天使も精霊も虫も馬も牛も六価クロムや砒素も持っている。この宇宙に起こる出来事のすべてを、わたしたちはどこかで受けとり、察知している。振動的な発想だと、同じ成分はどこにあるものも同じだとみなすからだ。わからないとしたら、その領域の成分の含有パーセンテージが少なすぎるのかもしれない。騒がしい交差点では小さな声でささやかれると聞こえないように……。もちろん特定の領域を増やすことはできる。同じ成分を引き寄せてそこを太らせるとよいのだ。

どんなものにも宇宙のすべての成分が含まれるということでは、たとえば不食というのが一時話題になったが、空気の中に、ステーキもチーズケーキもももずく酢も納豆もきわめて微量だが含まれている。マンションの1階にステーキ屋さんがあり、その匂いが漂ってくると、毎日ステーキを食べている気分になる。人は必要だと思った栄養は取りこみ、必要でないと思ったものは身体を通り抜けさせる。だから水を飲んだだけでも肥満する人もいるのではないか。

## 無の壁

４つのフェイズについて付け加えたいことがあるのだが、このそれぞれのフェイズの切り替え地点には、無の壁が存在する。本格的な無の壁は、フェイズ1とフェイズ2の間にある。その同様の構造がそのまま各々の階層の間にでき上がっており、そこを通過する時に、たいていの人は記憶喪失をする。一瞬気絶すると考えるとよい。いわばこの無の壁はプチ非二元の場所とも言える。なぜなら、上位の階層が二極化されるとその下に階層ができ、その反対に上の階層に行く時にはいままでの世界の二極性が統合化されるということが起こるからだ。

「松村さんはそういうふうに複雑化させていくから嫌だ」と、年上の人に言われたことがある。そういう人は、ともかく非二元や悟りとはひとつのものだと言いたいのだ。もう歳を取ったし、いまさら面倒なことを勉強したくないという気持ちから言ったに過ぎないのでもあるが。

しかしここで単純さに還元してはいけない。1990年代はじめ、オウム真理教が注目を浴び、まだ地下鉄サリン事件を起こす前には、多くの知識人はアサハラショウコウを賞賛し、これは本物だと言った人たちがたくさんいたし、雑誌の表紙に知識人とアサハラショウコウが手をつないで立つという写真が大きく掲載されていたこともある。

当時、わたしはニフティサーブというパソコンネットで精神世界フォーラムを主宰していた。すると、わたしを信者にすると会員が激増するはずだと踏んだのか、何人かのオウム信者や幹部が毎日のようにわたしの家にやってきた。とくに井上嘉浩は真剣だった。わたしがアサハラショウコウの教義はおかしいと言うと、「そういうあなたのほうがよほどおかしい」と井上嘉浩に反論されたが、その口ぶりはまるで喧嘩をする小学生のようだった。

そのころ、知り合いの直居さんという神智学会員でもありアグニヨガの先生でもある人が電話をかけてきて、アサハラショウコウに動揺していると言った。教義にリアリティを感じるというのだ。でもわたしはアグニヨガを教えているのに、どうしてそんな単純な勘違いをするのかと答えた。

そのころからすでにアサハラショウコウは最終解脱したと自分で表明していたのだが、実際にはこれはフェイズ3の7段階を終了したという意味で、4つのフェイズのうち、ひとつの体験を全宇宙的なものとみなしたのだ。実際には、フェイズ3のすべてを歩きつくしたわけでもない。そもそもその前にフェイズ4の世間的な体験が足りない。彼がたまたま痛んだ納豆を食べて腹を壊すと、納豆は悪の食物であると決め付け、全信者に食べることを禁止したが、これは彼が個人体験を普遍的なものと押し付ける姿勢の一例だ。

こうした未熟さや不完全さが結果として、オウム事件などを起こしたのだと思う。自分の不足感を、社会のせいにしてしまうというありがちなすり替えだ。後に説明するが、〝領海侵犯〟による破壊的な行為を防ぐには、各々のフェイズの間に関門を作り、門番や試験官を置いたほうがいい。確かに結果としてアサハラショウコウは関門で振り落とされたが、それ以前にほかの人に迷惑がかかりすぎた。

## 自我と非二元

多くの人は、自我の重心をフェイズ4の肉体次元に置き、悟りや非二元については精神論として語りあう。もちろんそれはそれでいいと思うし、生きている間はそれしかできない。というのも、重心が非二元に行ってしまうというのは、その場で肉体が消え、身体が非二元になってしまうということなのだから。どんな生き物も、どんな人も、宇宙のすべての要素を持っている。だから自我の重心は肉体レベルにありながらも、メンタル界やアストラル界の含有量が多いというケースもある。それを悟った人という。もちろんここでは肉体的な自分を維持するのはスリル感満載のゲームをしているようなもので、何かしら特別な工夫や技術が必要であると思う。油断すると肉体的生存が奪われるのだ。仏陀の場合には、実際に受肉も不可能になったので、文字通り一滴もあますところなく非二元化している。

とあるネットで次のような一文を見つけた。「非二元は、自我の理解を超えた領域であるため、言葉での表現にはどうしても限界があります。もっと厳密に言うと、言葉はもともと意味のつかない、ただの音です。意味のない音に、意味を持たせて理解するという時点で、逆説的になってしまいます」(http://nonduality.jpより引用)。ここには間違いがたくさんある。自我はどこの次元にも設定できる。「自覚する」ということが自我の本来の作用なので、自我には非二元を理解する能力は十分にある。世界は二極化で成り立つので、統合化すると意識そのものが成り立たないように見えるが、より上位の次元との落差によって自我は成り立ち得る。この場合、正確には成り立たせられるということだが。「言葉はもともと意味のつかない、ただの音」ではない。ここで言われている言葉は発声された言葉のことだが、言葉の源流とは概念や意図であり、その下流の反映物として言葉がある。そしてわたしが思うに、音の起源は、この概念よりも後にできた。

## 動物系知覚と植物系知覚

わたしは、動物系の知覚を「動く生き物に備わったもの」、植物系の知覚を「動かない生き物に備わったもの」と簡単に定義した。わたしたちは起きている時には動いている。寝ている時には死んだように動かない。そこで、睡眠の中で体験するものすべては、植物系知覚による体験だと考えてもいい。

植物は動かない。そのかわりに枝を伸ばし、根を伸ばし、世界のあらゆるところに繊維を張りめぐらせようとする。動かなくとも、宇宙のあらゆる情報はいながらにして集まってくる。エーテル体は植物の性質を借りている。

一方で動物は餌を取るために動く。ここからあそこに。ということは、いままでそこにいたのに、こんどはこちらにいるという具合に、発見と忘却がある。これは特定の場所に自分を限定させたことで生じる知覚意識で、動物系知覚では、存在が限定され、過去と未来があり、固有の欲を抱き、また独自な個性などほかにはないものを持つようになる。「自分は人と違う、自分は自分だ」という人は動物系知覚の中で生きている。もちろん競争も動物系知覚の中でのみ成立する。

身体では植物系の知覚の中心点は心臓にある。動物系は体壁系と言われるように、知覚は身体の外側を包み、その中心は脳にある。解剖学の三木成夫*は、脳と胸の対話が「思」という字の意味だと説明した。今日では植物系の知覚が

*三木成夫
みきしげお。1925～1987年。解剖学者・発生学者で東京藝術大学教授・東大医学博士。著書は『胎児の世界』『内臓のはたらきと子どものこころ』などがある。

弱められすぎているので、この復権を目指さなくてはならないと主張していた。植物系知覚は内臓と共鳴し、文字通り身体の奥にあって表舞台に出てこない。

今日の科学や医学などの知識はほとんどすべて、動物系知覚の側面から作られている。人間の形は動物系知覚で見たものなのだから当然だ。目は前方に興味がありすぎて、脳の一部が顔の前のほうに飛び出してできた。動物系知覚は「見た目がすべて」というようなものだ。この動物系知覚は、目覚めた瞬間から働く。わたしたちは起きている時間が自分であり、寝ている時間を自分とは思わない。寝ているときには動かないので、それは機能しておらず、墓の中に安置された死体と変わらない。夢は意味がないと思う人は、自分というものを動物系知覚だけで考えているということなのだ。動物系知覚からすると夢は何の足しにもならないのだ。朝、会社で隣の同僚から今日はこういう夢を見たと聞かされても笑って終わりだ。植物系の知覚は心臓が中心で、ここが反応すると、「胸を打たれる」などという。また動物系知覚だけで判断し、植物系の中心である胸の反応を置き忘れて発言することを「心ない言葉」という。

わたしは人間を全時間的な存在だと思う。でもわたしたちは眠っている部分をパンの耳を切り捨てるように削除して、起きている時間のみを自分だと思っている。これをわたしは半人前だと述べることにしている。魚を片面しか食べない貴族かもしれないが。

動物系知覚はいま・ここのことしかわからない。目も遠くは見えない。それに小さなところにどんどん入り込んでいくが、そのつど、この小さな場所を顕微鏡のように拡大するので、小さくなっていっていることに気がついていない。植物系知覚は、全方位的に、あらゆるところに繊維を張り巡らせているので、大きな範囲を理解する。植物系知覚を発達させるには、夜寝ているか、あるいは起きている昼間に身体を動かすのをやめてしまう、つまりじっと座って瞑想するかだ。耳を澄ますと聞こえるものも動くと聞こえなくなる。この動くというのは、身体が動くということもあれば、感情が動くとか、思考が動くというのも考慮に入れてほしい。動物系知覚だと、動くというと、身体が動くということだけを考えてしまうが、休みなく考え事をしていることも、休みなく動いていることなのだ。動物系知覚の思想が浸透すると、思考や感情も、動物のように動く習慣がついてしまう。

## 振動的に識別する植物系知覚

　このふたつの知覚方式の際立った違いとして付け加えておかなくてはならない重要なことは、動物系知覚は、長さ、重さ、空間位置、時間の順番などを認識するが、植物系知覚はどんなものもすべて振動的に識別するということだ。同じ振動のものは同じとみなす。この何でも振動で考えるということでは、自分よりも振動の低いものは対象化が可能で、わたしたちはそれを物質とみなす。しかし自分よりも高い振動については意識に上がることがなく、むしろ反対に見られている立場になる。この宇宙にはたくさんの印象があると思うが、自分よりも振動の高いところでの印象というものをわたしたちは意識できないので、それらをすべて取りこぼしている。人によって重心となる振動は違うので、つまり誰もが同じものを見ているわけではないということだ。ある人は何かを見ている。だが、ほかの人はそれを見ていないか、見落としている。相対的に自分が対象化できる、つまり自分より低いものに対して、ものを運ぶように働きかけできるが、された側は気がつかない。幼児が寝ている間に車でどこかに運ばれるようなものだ。

植物系知覚は振動で判断し、空間的な位置や時間の順番はたいてい無視する。折口信夫の『死者の書』では、大津皇子（おおつのみこ）は処刑される寸前に見た女性、耳面刀自（みみものとじ）に似ているという理由だけで、死後、藤原南家の郎女（いらつめ）のところにやってくる。似たものは同じなのだ。空間的に１００個のものが散らばっていても、ひとつとしてまとめてしまうので、空間秩序がめちゃくちゃになる。エーテル体視覚は、物質的な視覚で見たものと同じものを見ずに、どこか編集が入る。たとえば、リモート・ヴュイングで3人並んだ写真を見ていても、ひとりだけ背後の丘の上に移動していたりするのは、この波動として識別することから起きる。水晶球やビジョンで何かをくっきりと見ても、いったいいつを示しているのか不明になるのも、この植物系知覚では時間の順番がでたらめになるからだ。出口王仁三郎（でぐちおにさぶろう）は大量に予言をしたが、これらがいつのことなのか自分にもさっぱりわからないと言った。

わたしたちが起きている時間は動物系知覚の世界であり、眠っている時に体験するすべての次元の体験は植物系知覚の体験なので、このふたつがちぐはぐな人は、首と胴体が噛み合っていない人とも考えられる。こういう人はときどきいる。頭と心がばらばらな人は、頭も死んでいない。心も死んでいない。しかし互いが通信していないのだ。三木成夫が「思」という漢字に託した頭と胸の対話がなされていない人は必ずどこかで事故を起こすので、リラックスした植物系知覚を脳が受け入れるように調整しなくてはならない。わたしがおすすめする手っ取り早い方法はバイノーラルビートを使うことだが、もっと手っ取り早い方法はよく寝ることだ。

## 太陽の扉

4つの次元について整理が必要だと言った理由は、主に太陽の定義が難しいからだ。わたしたちが見ている太陽は、1日1回転する。しかし現実には太陽は太陽系の中心でじっとして動かず、動いているのは地球のほうだ。しかしわたしたちは地球に立っているので、ここを宇宙の中心とみなし、太陽でさえもが回転してくれるのだ。これを天動説という。ローマ教皇庁が地動説を正式に認めたのは20世紀に入ってからだが、あいかわらずわたしたちの実感としては、太陽は地球のまわりをまわっている。これは錯覚と言える。それに、わたしたちは地球の上で暮らしているので、ここから見ると惑星の動きは変則的で、火星や金星、ほかの惑星もときどき逆向きに動いているように見える。これを見かけの逆行というのだが、地球は火星よりも早く公転しており、しかも火星は地球に近いところにあるので、火星は見かけ上、著しく変則的な動きをする。太陽系の外から見ると、惑星はきれいに円回転をしているのに、太陽系の中のどこかの惑星にいると、惑星のレミニスカート*運動が起こるということだ。これも錯覚だ。わたしたちの生活はこの錯覚の上で成り立っている。

グルジェフが定義する、惑星、全惑星、太陽、全太陽という時の太陽は、実はこの太陽のことではなく、太陽系の中心にいてじっと動かない太陽のことだ。

わたしはトム・ケニオン*がアルクトゥルス人について書いた『アルクトゥルス*人より地球人へ』を面白いと思ったが、それは彼が立方体の概念をよく使うからだ。彼はどこかわたしと似ているので、彼の新しい本を読むたびに既

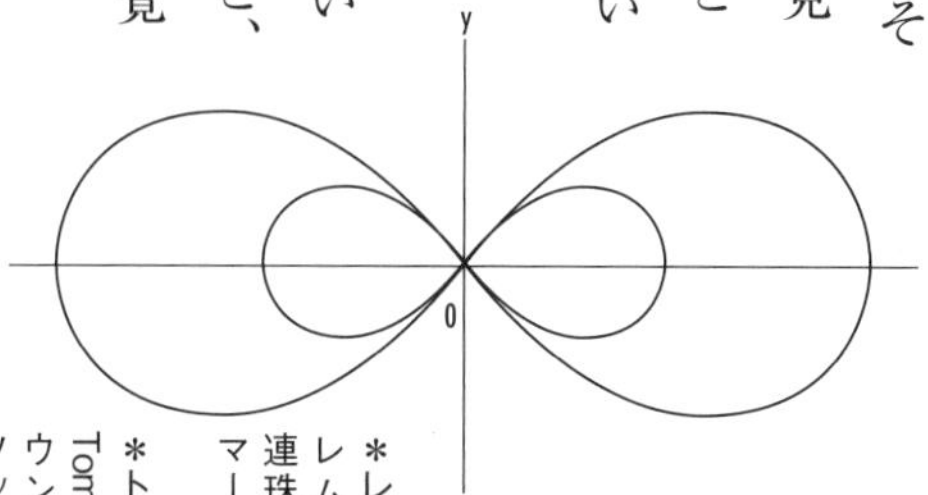

*レミニスカート
レムニスケートとも。連珠形と呼ばれる無限マークに似た曲線運動。

*トム・ケニオン
Tom Kenyon。独自のサウンドヒーリングのメソッドを持つヒーラー、チャネラー、心理療法家。著書の『アルクトゥルス人より地球人へ』は弊社より刊行中。

*アルクトゥルス
うしかい座アルファ星。おとめ座のスピカの近くに見える。

視感を覚える。わたしも昔からこの世界を立方体にたとえることが多い。これはカバラの生命の樹で物質界を示すマルクトが立方体を象徴としているということも関係する。タロットカードでは［20］審判にお墓のような四角の箱が描かれているが、これもマルクトの箱を意味する。

世界を立方体にたとえた時、わたしたちは6つの壁に囲まれている。前と後ろ、右と左、上と下は対になっており、陰陽の関係だ。フッサールは、意識は対象に射出されないと意識として成り立たないと書いた。しかも射出された結果のほうでしか意識の存在は証明されないと言った。これは嘘だ。射出する時の勢いを実感すればそれは意識と言える。しかし人には証明できない。サルトルなどの実存主義とは、この射出する時の勢いを意識であると考えたものだ。まるっきり男性の性感覚に近い。射出する時の気持ち良さで「わたしは在る」と言っている。そういう点では、射出された対象の側で意識を証明するとは、女性の性感覚に近いとも言える。デカルトの「われ思う、ゆえにわれ在る」というのは、どちらの側かわからない。射出実感で思ったのか、ぶつけられて思ったのか。

対象がないと意識は成立しないというのは、意識は主体と客体に二極化されないと成立しないという意味だ。わたしたちは、前方の壁を見たその瞬間に後ろの壁に投げつけられる。上を見た時は下に。右を見た時は左に投げつけられる。見るという行為そのもので、わたしたちは対象と反対の場所にいる。陰陽の中和の場所に行くには、立方体の中心の場所に居座る必要があるが、そのためにはどこかを見てはいけない。見た瞬間にもう二極化されるからだ。

わたしはある夢で、暗闇の中でノートに文字を書いていた。ノートの周辺だけが明るく、それ以外はまったくの暗闇。どこからか「それではあまりにも危険すぎないか?」という声が聞こえた。世界は陰陽の揺れで成立する。そのためには陰陽の3つのセットである立方体を保つには、休みない陰陽の交流の活動が必要だが、この陰陽を統合したところには陰陽中和の原理がある。陰陽活動は、その原因の場所から生成されているのだ。わたしはノートに文字を書くことで世界を成立させている。なぜ危険なのかというと、ノートに文字を書くことをやめてしまうと、わたしは消えるからで、安心も安全もあったものではない。

わたしが生まれる直前の日食は水瓶座26度で起きた。日食とは個人よりももう少し普遍的な人格をあらわしていて、これを応身（おうじん）という。水瓶座26度のサビアンシンボルは「ハイドロメーター」というもので、これは比重計のことで、水圧を数値に変換する。言葉にならない圧力を言葉に変換するのだ。ずっと昔から、わたしはノートひとつ持って、公園や駅のベンチに座り、ただ書いていくということをよくしていた。あるいは中学生のころから、夢をノートに書き、その解釈をしていた。どんなことをしても、その意味はなんだろうと考えた。小学生の時にも、どこかの家の窓ガラスに自分の姿が映ると、「なぜ自分はいるのだろうか」とよく考えた。机とコップとベッドしかない部屋に住むヴィトゲンシュタイン*に共感を覚えるのは、ひたすら考え、書くことで自分を存在させているからだ。

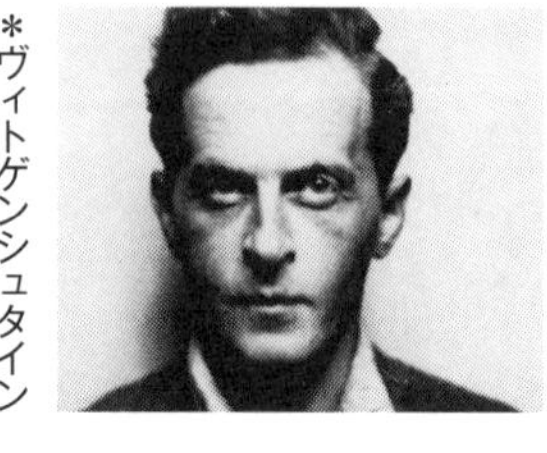

*ヴィトゲンシュタイン Ludwig Josef Johann Wittgenstein。ルートヴィヒ・ヴィトゲンシュタイン。1889～1951年。オーストリアの哲学者。主著『論理哲学論考』は現代の哲学に大きな影響を与えた。生涯独身であった。

## 緩衝器

トム・ケニオンの本では、アルクトゥルスと通信するには立方体の中心に行くといいと書いてあったと思う。中心点では陰陽が中和され、すると立方体という世界の枠が消えて、限界を突き破り、さらに遠い宇宙と意志疎通する。しかし試してみるとわかるが、これはかなり怖い体験だ。わたしたちは無意識のうちに緩衝器（クンダバッファ）[*]に守られていて、簡単には立方体の壁は破られない。わたしがノートで文字を書いている時だけ存在すると言ったのは、わたしにはもうこの緩衝器がないからだ。カスタネダの書いた本の中で、ドンファンは「人間は理性のまわりに内臓脂肪のような緩衝器が取り巻いている」と言った。立方体の3つの陰陽セットが中和されて壁が消えると、あらゆる場所からなだれ込んでくるものがある。わたしが、ノートに文字を書いて世界を維持するということで思い出すのは耳なし芳一だ。身体にくまなくお経を書いたが、書き忘れた場所を魔物が持ち去った。

トム・ケニオンは、アルクトゥルスに関して肝心なことを書いていない。というか知っているくせに書くのを嫌がっている。アルクトゥルスには非物質と、形ある物質的世界を行き来する性質があり、これは立方体の中心の無と立方体を作るという行為にも関係しており、消えたり現れたりする。これがアルクトゥルスの恐ろしさであるが、しかしトム・ケニオンの本ではアルクトゥルス

＊クンダバッファ
緩衝器を意味するグルジェフの言葉。『ベルゼバブが孫に語った物語』に登場する。

人はいかにも地球人を守っているのだという書き方をしている。守るというのはずっと現れたままという意味だ。地球に敵対する勢力を今消したというような記述を読んで、いったいどの口がそう言ったんだと思った。確かに彼らは消すこともできるが、かといって何かをずっと守り続けることもない。守りの役割は下々の者に丸投げする。敵対勢力を消したということは、もし地球が有害な方向に進化すると、彼らは地球を消すのだ。この宇宙でそういう権限が唯一与えられているのがアルクトゥルスであり、だからこそアルクトゥルスはいかなる時にもけっして軽はずみなことは考えない。アルクトゥルスは牛飼い座にあると言われている。牛とは、後に説明するが思考を象徴している。思考というのは外界に興味がなく、外界に敏感に反応することをせず、ゆっくりと動く。それはまるで牛のようだ。アルクトゥルスはこの牛を飼っているのだ。

## 二極化された太陽

話は戻るが、わたしたちが太陽を見た時、わたしたちは地球に押し付けられる。そこでわたしたちは二極化された存在となり、二極化した視点で見ると、太陽は光り輝いている。そして二極化した視点では太陽はわたしたちのまわりを回転している。

この二極化された目で見る太陽は、地球に光をもたらしている。地球と太陽の相対的な関係という二極化でのみ光は成立する。そのため、太陽から光が出ているのではなく、地球と太陽のコラボで光が作られている。真実の太陽は光でもなく闇でもなく、その中間の陰陽中和の場所にある。わたしたちは真実の太陽を、目が開いていない時に認識する。植物系知覚で、また眠っている時にだ。そして起きて目を開いた時には、動物系知覚がオンになり、そこでは太陽の光がさんさんと輝き、わたしたちは元気に動きまわり、バッテリーが切れると、ばたんと倒れて動かなくなり、植物系知覚に戻る。バッテリー切れを起こすのは、そもそも動物系知覚は限定されたものなので、不自然なものであり、無理があるものはそう長くは続かない。だから倒れては、また思い直して起き上がるが、また倒れる。そんなふうに、わたしたちは毎日倒れては起き上がるが、しかし人によっては1日に何度も倒れては起き上がる人もいる。そのくらい動物系知覚の維持というものは苦しいものなのだ。

太陽系の外に出るには、太陽の扉を開ける必要があるが、地球のまわりをまわる太陽、そして二極化された光ある太陽というふたつの鍵をはずさなくては扉は開かない。太陽はわたしたちのまわりを回る、というのはわたしたちの自分中心的視点で見たものだが、なんでも自分中心に見ることをわがままだとか、エゴが強いという。エゴから開放され、次に二極化を乗り越えて非二元になるという2回の手続きで、やっと太陽の扉が開く。このようにしつこい施錠がされているのは、侵入者防止のためだが、扉の前には必ず警備員がいる。

わたしはこの本を書き始めた前日に、別の本を書き終えていた。それは占星術の本なのだが、わたしは前から長い間占星術に関わっていて、この占星術は、まさに天動説、そして光ある太陽のもとで成立する体系だ。まずはこの太陽が1年で1回転し、また太陽には12サインがあるということが気に入らないので、太陽の12サインに関係した記事の依頼はたいてい断る。そして占星術というのは、天体の位置座標とか、時間のサイクルなどで考えていく体系なので、これには限界があるということを説明した。占星術は植物系知覚の体系だが、従来の占星術では宇宙のこと、とくに太陽系の外のことがまったくわからない。この点で動物系知覚とのハイブリッドなのだが、古代の占星術は、もっと植物系知覚の要素が多かった。エドガー・ケイシー*は、イエスが12歳ごろに、女性教師に連れられてアレキサンドリア図書館に留学したと述べている。それは占星術を勉強するためだったと言っているのだが、イエスが学習したのは古代の占星術だ。それは象徴的なあらわれをするものを、特定の事物に落とさず、象徴そのものとして扱う技術でもある。聖書に書かれたイエスの言葉は「答えはひとつ」というところに絶対に落とさないが、古代の占星術はこうしたイエスの言葉と似ているとわたしは思う。

科学というのはおもに動物系知覚で作られた二極化の太陽が光輝く昼に考えた体系なので、宇宙のことがわからない。このことについても、別の本では少し指摘した。どのようなことを書いたのか、ここでわたしのその著書から引用してみよう。

## 科学は無の壁が超えられない

（以下、説話社より刊行予定の拙著より引用）

*エドガー・ケイシー Edgar Cayce。1877〜1945年。アメリカの予言者。変性意識状態でさまざまな分野について予言をおこなった。

科捜研の女の決まりセリフ「科学は嘘をつきません」、つまり、ひとつの結論に導くというのは、最近の科学ではなかなか当てはまりにくくなっていますが、古典的な科学というところでは通用します。この古典的な科学は動物系知覚の作り出した体系です。太陽を見ると、わたしたちは自動的に地球に押し付けられ、この地球から見た視点で太陽の光を感じるといいましたが、主客に二極化された後の主体が環境や物質に対して観察し考察した結果が科学体系を作り出します。なので、わたしは科学とは二律背反から逃れられないエゴの体系と言います。科学はこの二津背反的な作用にいつまでも苦しめられ、男と女が揉めていつまでも解決がつかないものに似ていると思います。この例としては光の速度に近づくと重力は無限大になるなどです。この二律背反的なものが消失する点は二極化が解消される無の地点で、二極化された光ある太陽が、真実の太陽に戻るということに相応していますが、科学はこの無を先送りするために、無の手前に行くまでの道ばたでさまざまな理論を製造します。

たくさん話題を作りだすことで無に到着する時間が引き伸ばせると思っ

たので、究極の物質は無の点であるという考えはいつも覆され、原子は点のはずが、実は素粒子があり、素粒子は点のはずが、じつは内部にはもっと違う構造があるということになっていきます。この無に至るまでに、たくさんの次元を想定しますが、単純な話、無の壁を越えたところが四次元であり、この無を正面から扱うべきなのですが、無とは自分と対象の関係がいったん解約されてしまう場所であり、そこでは大枚はたいて買った土地がただになるような、これまで構築してきた数学的整合性、因果の法則が一気に崩壊してしまいます。とりわけ三次元的ニュートンの法則がここで通用しなくなります。先に進むには苦し紛れに詭弁を作り出すよりも、さっさと動物系の知覚のプライドを捨ててしまえばいいのですが、そのふんぎりがなかなかつきません。このプライドには、人は神に等しいものであるという西欧の中世が作り出した思い込みが染みついていて、そこでは太陽でさえもが自分のまわりをまわるのです。

四次元以上の領域は植物系知覚では楽々追跡可能ですが、動物系知覚は、自分の目で作った壁に突き当たって、その先に行くことはできません。主体と客体という二極化をして、この自分が作った世界に自分で縛られていき、先に進もうとすると徐々に重く固くなる壁が立ちはだかります。力を込めて進もうとすると壁はさらに強固になり、重力は無限になって、最後は自分によって自分がトマトを強く握ったように押しつぶされます。

太陽を見ていると、地球に押し付けられ、地球から考案した光に満ちた太陽が作り出され、科学はこの二極化された世界の中ではじめて成立する体系だということは、この尺度で見る限り、わたしたちはこの太陽系から外には出ることができないということです。太陽系というと語弊があるかもしれません。地球と太陽の関係でできた世界、つまり地球から出ることはできないということでしょうか。寸法、距離、重さ、決まった時間などで測れない植物的知覚は、楽々とその先に行きます。(引用終わり)

## あらためて4つのフェイズの組み換え

太陽には、地球のまわりを回る太陽、二極化された光輝く太陽、そして真実の太陽という複数の顔がある。ただこれはわたしたちが勝手に作り出した幻想のようなものだ。グルジェフは振動密度の序列を定義した。わたしはあらゆる本にこのことを出している。書いてないのは珍しい。あまりにもしつこいので、今回はこれを使わないようにするのはどうかと思ったが、それだと説明に倍の分量がいることになるので、やはり出すことにしよう。

振動密度の高いもの、つまり物質密度の低いものから、振動密度の低いもの、すなわち物質密度の高いものまでの順番は以下のとおり。

1絶対。6大天使、恒星。12小天使、太陽。24人間、全惑星。48脊椎動物、惑星。96無脊椎動物、月。192空気。384水、768木。1536鉱物。3072金属。

太陽は恒星であり、本来は法則6、大天使だ。しかし二極化された太陽は、その周囲に惑星が回転し、光を惑星にもたらす。これは惑星に気を使う母親のようだ。これを小天使、法則12と定義する。光ある太陽は、その背後にある星(恒星)を隠す。地上では、二極化された太陽の独裁が始まり、うしろの恒星を見

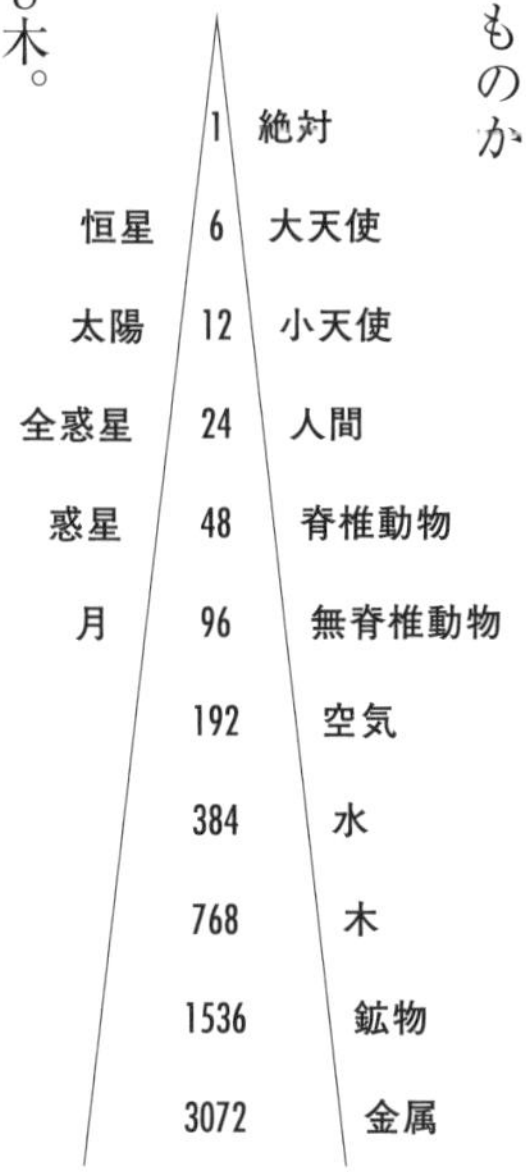

|  | 1 | 絶対 |
|---|---|---|
| 恒星 | 6 | 大天使 |
| 太陽 | 12 | 小天使 |
| 全惑星 | 24 | 人間 |
| 惑星 | 48 | 脊椎動物 |
| 月 | 96 | 無脊椎動物 |
|  | 192 | 空気 |
|  | 384 | 水 |
|  | 768 | 木 |
|  | 1536 | 鉱物 |
|  | 3072 | 金属 |

▶ここで紹介されている法則番号は、後出するH24やH48といったグルジェフの水素番号と同じものと考えてよい。

てはいけないといわれる。これが太陽神信仰だ。エジプト時代までは星信仰があったが、ギリシャ以後それらは絶滅し、わたしたちは今もずっと太陽神信仰で生きていて、この太陽神信仰の教義として科学がある。

こうなると、4つのフェイズも、以下のように考えるとよいだろう。

フェイズ4　法則48。地球。物質体。惑星意識、哺乳動物意識としての人間。
フェイズ3　法則24。全惑星。エーテル体。グルジェフはここを人間と定義するが、それを達成している人は少ない。
フェイズ2　法則12。二極化された太陽。小天使。アストラル体。
フェイズ1　法則6。恒星としての太陽。ほかの恒星。大天使。メンタル体。
これより上位にあるものとして、全太陽としてのグレートセントラルサン　法則3。
グレートセントラルサンを7つ集合させた全宇宙　それを総称する絶対　法則1。

| 絶対 | 法則1 | グレートセントラルサンを7つ集合させた全宇宙 | | |
|---|---|---|---|---|
| 全太陽 | 法則3 | 全太陽としてのグレートセントラルサン | | |
| フェイズ1 | 法則6 | 恒星としての太陽。ほかの恒星 | 大天使 | メンタル体 |
| フェイズ2 | 法則12 | 二極化された太陽 | 小天使 | アストラル体 |
| フェイズ3 | 法則24 | 全惑星 | グルジェフが定義する「人間」 | エーテル体 |
| フェイズ4 | 法則48 | 地球 | 惑星意識、哺乳動物意識としての人間 | 物質体 |

実はこれもつきつめると少し矛盾があるのだが、大まかにこのように決めておこう。法則3や法則1は結晶化していないので、意識あるものという塊が作られないということになり、これについてじっと考えているうちに自分も解体してしまう。何かを考えると即座にそれに貫通されるという点で、長く興味を向けてはいけないのだ。この点で、結晶の極限の点、非二元の源流を恒星＝メンタル界にしておくことが自分を維持する鍵になる。その先に興味を向けることは、朝の清掃トラックのゴミ投入口に自分を投げ込んでしまうことに等しい。中ですするどい刃物が回っていて、自分がミンチにされてしまう。内臓脂肪としてのクンダバッファが機能している人は、言葉遊びとして取り扱っても安全とは言えるのだが。例をあげると、柿の種を見て、手足を捥いだあぶらむしに似ているというと、クンダバッファを持つ人にとっては柿の種は柿の種のままだが、クンダバッファがない人にとっては徐々にあぶらむしの比率が高まる。あぶらむしという言葉はあぶらむしを召喚することになる。真に言葉の力を持つ人が語れば、そのようになるのだ。これはタロットカードでいうと［20］審判

のカードの力で、想念によって望んだものを引き出す能力だ。わたしたちは自分の興味をコントロールできない。そのため、その間は保護措置として、幼児が乗る自転車の補助輪のようなクンダバッファを取り外してもらえない。だから、興味を持てばそのまま対象が飛び込んでくるというシュタイナーの考えは多くの人には理解できない。しかしバッファがない人にとっては、興味を持つことはその対象に飛び込まれるか、染まってしまうか、その中に入るかということになる。

タロットカードでは、［17］星のカードで8つの星が輝いているが、そのうちのひとつだけが大きい。これをグレートセントラルサンという。グレートセントラルサンの周囲には7つの星があるが、天文学すなわち空間的に位置座標を考えた思考ではこれは理解できない。というのも、空間的にかけ離れた場所にあるはずの恒星が、グレートセントラルサンの近傍にあるとみなされるからだ。植物系知覚の振動密度で識別するという見方でなら、この空間的に離れているという問題はなんの障害にもならない。植物系知覚では、振動の高いものが上にあり、そこから次第に振

動密度が低くなっていくという席順が作られる。だが動物系知覚の天文学においては、それらはまったくちぐはぐな場所に置かれていることになる。植物系知覚にとっては、古代からの宇宙法則が成り立つ。太陽のまわりに7つの惑星があり、ひとつの惑星の周囲には7つの月があるという具合に、1が7に、そのうちのひとつがまた7にという秩序を想定する。ところが動物系知覚で見ると、土星には64個も月があり、一方で地球にはひとつしか月がない。いったいどうしたことだ、古代からの宇宙法則なんて現実にはあてはまらないではないかということになる。空気や宇宙空間にはエーテルが満たされているという説もあったが、これも実証できないので簡単に覆された。物質はエーテルよりも振動密度が低く、エーテルは物質的手段では実証できないので、どんな科学実験でもエーテルを説明できるエビデンスは見つからない。

ちなみにベテルギウス*が爆発しても、植物系知覚では、それはまったく気にしない。植物系知覚は、過去から未来へという時間の順番の秩序が違うので平気で過去にも行く。するとベテルギウスはずっと健在で、存在位置になんの変更もない。動物系知覚でベテルギウスが爆発するというのは、植物系知覚から

*ベテルギウス
オリオン座アルファ星。赤色超巨星で、超新星爆発を起こすのではないかと言われている。

すると、「目が疲れたのか？」という話になってしまう。

グレートセントラルサンを取り囲む7つの太陽を、アルファ星を囲む星雲とたとえてもいいが、すでに説明したように空間位置としてはあてはまらないので、たとえ話として考えるしかない。夢の中でなら、あなたも「そんなことわかってるよ。今さら説明される必要なんてない」と言うだろう。

# Chapter 3 真実の太陽の扉

## 複数あるアカシックディスク

宇宙のすべてを記録しているといわれるアカシックレコードというものがある。アカシックというのはアカーシャという言葉から来ていて、これは空の元素、第五元素のことだ。ここには時間と空間がなく、だから、どんな過去もどんな未来も、このアカーシャのタットワの中に保管される。

そしてこの第五元素を分解して四元素はできあがる。四元素は、時間の順番、また空間の区別を生み出す。たとえば春夏秋冬は時間の四つ。東西南北は空間の四つ。分解したものは元に戻ろうとする性質があるので、四つの元素にばらすと、空間的、時間的に順番に移行して、最後は第五元素に回帰する。これはＣＤ１枚が第五元素と考えてみるとよい。ここに全部曲が入っている。しかし聴くにはこの中の曲を順番に再生しなくてはならない。じつはわたしたちの人生は、このアカシックレコードの一部の記述を動画にして再生したものだ。動物系知覚には一部しか見えず、全体については記憶喪失してしまうので、アカシックレコードの図書館は読めないのだが、自分という項目だけはそれをリアルに生きている。

わたしたちが体験可能なフェイズは4つあると想定した時に、実はこの4つの次元にそれぞれ異なるアカシックレコードがある。記憶とかデータには、それを扱うにふさわしい振動があり、振動が変わるとそれまでの記憶はごっそりと消える。そしてまったく違う記憶があらわれてくる。わたしはこれをヘレニズムの思想のように、本質と質量という関係性で表現することが好みだ。記録は質量性であり、本質の腹巻のようなものだ。

フェイズ4の地球意識においてのアカシックレコードの図書館はエジプトにある。物質的にはアレキサンドリア図書館だったが、これはアカシックレコードの図書館の本体ではない。ジオデティックという地球の経度に占星術の12サインを貼り付ける手法だと、アレキサンドリアあたりは牡牛座のはじまりにあたり、牡牛座は2番目のサインで、これはタロットカードでは「2」女教皇と同じ意味で、女教皇が持つ書物がアカシックレコードを示している。

現実のアレキサンドリア図書館は燃えたが、この物質的図書

II

LA·PAPESSE

館は劣化版に過ぎず、実際のデータはフェイズ3のエーテル体領域にあるので、燃えることも、誰かが間違ってデリートすることもない。地球範囲の図書館なので、地球に関することのすべてがここにある。エーテル体としての全惑星意識は地球においては不死なので、全惑星意識領域で保管されたものは失われることはない。

エジプトのピラミッドは、トゥバン*に向けて穴が開いているが、これは今日のポラリス*の前の北極星だった。トゥバンは財宝を守る龍と言われており、本をかき集めて誰にも渡さない。フェイズ1の恒星領域において、この恒星が管轄する範囲のすべての記録がここにある。しかしこれは全宇宙的な記録ではなく、トゥバンが管轄する範囲の記録しかない。トゥバンはあるクラスター（全太陽チーム）のグレートセントラルサンで、このクラスターを龍族という。地球は未来に龍族が支配すると言われていて、異なるクラスターはそれまでに地球から退去するように言われているが、龍族はなかなか誤解されているようだ。日本人なら、たとえば諏訪大社のご神体はミシャグジという龍蛇（りゅうじゃ）だと知っているし、オオモノヌシもかわいい蛇だし、長野のナガ*というのは蛇をあらわし

*トゥバン
りゅう座(Draco)アルファ星のこと。

*ポラリス
こぐま座アルファ星で現在の北極星。

*ナガ
長野の「ナガ」はインド神話における蛇神ナーガのことと考えられる。ナーギニーはその女性形。

ていて、この女性形はナーギニーと言って、頭に7つの蛇のついたインドの蛇女だ。わたしはチェンナイのショッピングセンターで、金属製のナーギニー人形を買うかどうか長時間迷ったが、飛行機に乗せると怪しまれるので断念した。店員は蛇のようにしつこくわたしを追いまわして買え買えと食い下がった。インド人を撒くのはかなり苦労する。

## アルシオンの支配

最近、グレートセントラルサンはアルシオンからシリウスに交代したということを言う人がいるが、そもそもグレートセントラルサンは理論上では7つがあり、交代することはない。交代するとしたら、この太陽系がどこか違うグレートセントラルサンに所属を変えたという意味になる。そもそもここにはちょっとした誤解がある。

たとえば日本の天皇はプレアデスの子孫といわれ、日本の神はアマテラスと言われる。そもそもこれは恒星としてのフェイズ1の意識だが、創造神的な立場でフェイズ2に降下した。すると、ここでは光ある太陽以外は見えず、唯一神的な立場を作り出す。わたしはアルシオン*生命体をクラインの壺*のような形で見るが、これは平面的にはレミニスカートで、世界の中に入るとその世界特有の視点がうまれ、この視点にこだわることによって世界に閉じ込められるというものだ。アルシオンは幻想を作るとか、催眠術に関係すると言われているように、世界の幻想の中に人を取り込む。こうやって、わたしたちはレミニスカート運動をする惑星を見たり、太陽が1年で1回転する幻想の世界に取り込まれた。

エジプトでは、シリウスは太陽とともにヘリアカルライジング*で昇った。つまりシリウスは太陽と兄弟的な関係の恒星でもあり、同じクラスターだ。太陽神信仰の人はアルシオンに従い、星信仰の人はその兄弟のようなシリウスに従う。別に星信仰ならば、ほかの星でもいい。シリウスは強制しないが、アルシオンは自分以外に太陽はないという。むしろシリウスはほかの星へ行くこともできる駅のようなものだ。シリウスを経由してわたしたちの太陽系に入り込んでくる知性体はたくさんいるが、それはシリ

*アルシオン
おうし座イータ星。プレアデス星団の中で最も明るい恒星。

*クラインの壺
境界や表裏の区別のない特殊な曲面。いわばメビウスの輪の4次元版のような曲面。

*ヘリアカルライジング
東の地平線から太陽が恒星を伴って昇ること。

ウスがとてもポピュラーな駅だからだ。シリウスは太陽の後ろでひっそり昇ったので、聖書ではアルシオンが作ったエデンの楽園に侵入した蛇として登場する。太陽の背にぴったり張り付いていたので、太陽が気がつかない間に入り込んでしまったのだ。これは二極化太陽の〝一党独裁〟の世界から解放する手立てを用意する。しかしながら質の悪いシリウス、つまり純度が高くない混ざり物のシリウス人は土足で聖なる場所に入り込む怪しい者にもなる。本来の純正のシリウス人はまずこのようなことはしないが、地球上に住むシリウス星系の人々の中には、まだ半分しか目覚めていない者がいるので、これはなかなか嫌な雰囲気を醸し出し、押し付ける態度を持ち、強引な人になりやすい。グレートセントラルサンがアルシオンからシリウスに移るとは、〝一党独裁〟的な太陽神信仰から、あれこれと自由な星に行けるシリウスに管轄が移るという、わたしたちの姿勢の変化の問題であり、グレートセントラルサンが交代するということではない。わたしが思うに、アルシオンからシリウスに役割が移動したというチャネラーあるいはコンタクティは、アルシオンが最近、トロピカルサイン*のシステムでは牡牛座から双子座に移動したということを勘違いしたので

*トロピカルサイン
西洋占星術において、春分点を起点にして12サインを固定的に配置するしかたのこと。

はないかと思う。アルシオンの支配をないがしろにしてはいけない。

## 秘伝は放置されている

占星術で使う12サインは実は惑星意識レベルのアカシックテーブルだ。エドガー・ケイシーは、安全のためにアカシック図書館はほかにふたつミラーサイトを作ると述べているが、アレキサンドリア図書館の位置とは違う場所にも記録所がある。アレキサンドリア図書館が燃えることがわかっていて、その前にせっせとエーテル界に書物を運んだポーターたちがいる。ルクソール方向に向かう地下トンネルを書物を背負って歩いたと言った人がいたが、地下というのがそもそもエーテル界の暗喩だ。『ミッション・インポッシブル』のように、本を覚えたら燃やしてくれと指示されたと言う。

12サインは12個しかないので、これはアカシックレコードのピザ生地のような基礎的な12のロゴスだけを構成している。これでは、ピザを食べたいのにピザ生地しか出てこないと不満だろう。サビアンシンボルは、1度ずつ360個あるが、ここまでくるとさすがにアカシックレコードらしくなる。しかしもっと細分化してもいいのではないか。ひとつの意味はほかとの関係性で生まれる。単独で意味を持つものなどどこにもない。だから、360個をほかのものとの関係性でさらに分割すると、いくらでも細かい記述に入り込むことができる。応用的に読めばいいので、詳細にわたる記録は出さなくてもいいのかもしれない。これが読めるレベルにある人なら、豆本を虫メガネで大きくしてみるともっとたくさん書いてあることに気がつくように、自力で細分化できるだろう。

それぞれの振動密度にふさわしい記録、つまり質量性があるということは、わたしたちには読めるものと読めないものがあるということだ。また秘伝とか秘密というのは、それが身近に置かれていても、それを読むにふさわしい振動密度の意識を持たないのならばまったく意味がわからない。だから、秘伝や秘密は隠す必要がない。そのあたりに放置しておけばいい。その代表がタロットカードだ。わたしからすると、タロットカードはあっと驚くような体系であるが、それにふさわしいピックアップ、つまり再生装置を持っていないと意味がわからない。そのため、惑星意識で生きている人からすると、これは遊戯カードや占いカード以上のものではない。

## 象徴思考とミツエシロ

わたしたちが夢で、フェイズ4から、3、2、1と移動するにつれて、まったく違う記憶領域が開かれていく。たとえばわたしはドロレス・キャノン*が考案したQHHTを3回受けたが、意識のレベルがシータ波状態に入ると、これまで見たことも聞いたこともないようなことを思い出すのだ。そしてセラピストがしつこく問いかけてきたりすると、こんな当たり前の話をどうして根掘り葉掘り聞くのだと怒りはじめる。夢でも同じようなことが起こる。夢の中で誰かと話している。その人とはいつも話している。だが目覚めてから、あの人は誰だったのだろうと思うことがあるはずだ。あるいは知り合いの姿を借りているが、どうも実体は違うということも。植物系知覚では、似たものは同じとみなすので、同じタイプの違う人を知り合いに重ねてしまうのだ。わたしはいつもふたりの老人と会話している。だから、またこの人と会話するのかと呆れることもあるが、フェイズ4でのわたしはこの人たちを知らない。

この12区画で仕切られた記録は、振動の高いものから低いものまで順番に並

*ドロレス・キャノン Dolores Cannon。1931～2014年。アメリカの催眠療法士。超意識にまで到達できると言われるQHHT（クォンタム・ヒーリング・ヒプノシス・テクニック）を開発した。

んでいるが、振動の高いものは下に対して働きかけできるが、下にあるものは上に対しては受動的な姿勢しか取れない。これは宇宙法則の原理だ。自分よりも振動が高いものは発見できないが、自分より低いものは対象化できると前述したのを思い出してほしい。

その結果として、上位の記録は下位の記録にオーバーライトできる。わたしはある時、薄暗い照明のカフェで古い時計を見ていて、ぼんやり眠くなる中、この時計にはいったいいくつの層の思い出があるのだろうと思った。時計というひとつの物質の象徴をキーワードにして、そこにさまざまな層のデータが上書きされていて、これは複雑なレイヤーのように見えた。

ときどき上位の意識が、下位の意識に勝手に乗り込むことがある。下位にあるものはそれを拒否できないし、考える前にすでにそこに下りてくる。これを*ミツエシロという。乗り込むには、鋳型が似ているということが必要だ。時代が違っても場所が違っても、同じ型は似ているというよりも、同じものなのだ。つまりこれは象徴思考というもので、時間・空間の秩序を一切無視する。幼児が知らないおじさんを、お父さんと似ているというだけで、勝手にお父さんと

*ミツエシロ
御杖代。神の杖代わりとなって助ける者、あるいはコト。

みなす。すると知らないおじさんも、しようがないので、お父さんのように振舞う。象徴的関係性、つまり神話的には正確な役割の関係性があるので、この知らないおじさんはお父さんのような行動を取り、この幼児がどういう好みなのかを最初から知っているかのような振る舞いをする。ある日、東京体育館で着替えている時に、サッカー練習が終わった子どもがやってきて、わたしをそのように扱ったので、わたしも型にはめられてしまい、しばらくは楽しく会話せざるを得なかった。そしてその子のサッカーに取り組む姿勢を激励して帰ったのだった。

## 太陽系の外に向かうふたつの通路

フェイズ2とフェイズ1の間には、無の境界線がある。この無の境界線のトランスフォーマーが真実の太陽だ。二極化が前提にある科学はその先に行けないと前述した。正確には、科学はフェイズ3とフェイズ4の間の無の壁が乗り越えられない。素粒子はエーテル物質かというと、確かに似ていることは似ているが、机上の理論に終始することなく、数式や道具を使わないで扱うことができないと、その実体はなかなかわからない。

光あるところでの太陽は二極化される。ということは、光がないところでは太陽は二極化されない。夜眠り込んでいる時には、真実の太陽の扉が開く。しかしこのためには、目を開いてはいけない。開いた瞬間に二極化されるからだ。動物系知覚がらんらんと目覚めている時には、この太陽の扉は決して開かない。

実は昼にこの真実の太陽の扉が開くときがある。それは昼間に訪れた暗闇、つまり日食の瞬間だ。地球と太陽の共謀で光ある太陽が作られたのだが、日食の時には地球と太陽の間に月が割り込み、太陽の光をすべて月が独占する。同時に、地球と太陽の関係という二極化が一時的に解消されてしまい、真実の太陽の力が月に宿り、そして地球は暗闇と化し、つまり動物系知覚がぼんやりと眠り込んで無防備になり、この間に太陽系の外から何者かがやってくるか、あるいは太陽系の中にある何者かが外に出て行く。

この日食でもっとも有名なものとはゴルゴダの秘蹟だ。イエスは磔(はりつけ)になり、肉体的に死んだが、応身として復活した。つまりエーテル体をボディとするイエスがそこにいたのだが、それを見た者と見ない者とがいる。動物系知覚で生きている者はイエスの死体しか見なかったので、その存在はイエスを死なせてしまったという原罪を抱いた。しかし植物系知覚で生きている者は応身のイエスを見て、やはり神はいるのだと思い、自分もそうなりたいと強く強く願った。パウロは夢見心地の中でイエスとともに歩いたことを思い出したが、日常意識に戻るとそれを思い出せなかった。

ノストラダムスは１９９９年にアンゴルモアの大王がやってくると詩に書いた。この年の8月11日に皆既日食があったが、これは太陽系の外からやってくるものがあるということを示唆している。18年ごとに同じ座標に日食がやってくる周期をサロス周期というが、ＮＡＳＡのデータによると１９９９年8月の日食は１４５番系列のサロスで、１９９９年はルーマニアで、２０１７年は北アメリカで、そして次回のサロスは２０３５年の日本でとなる。

サロス番号を限定しないところの日食は半年に一度くらい到来するが、この日食の時だけが重要なのではない。占星術などでは、日食が起こると、次の日食までの半年くらいがその影響の範囲と言われる。つまり日食は切り替え地点であり、一度切り替わると次の日食の切り替えまではずっと同じ状態が続く。

惑星グリッドのことに最初に言及したのはプラトンだ。古代文明では普通に知られていたことを、プラトンは現代文明に持ち込んだのだ。プラトンは、地球を外から見ると、それは色違いの布が張り合わせられた鞠(まり)のように見えると書いた。これは地球という空間範囲に適用されたプラトン立体のことだが、時間の中では、色違いの布を縫い合わせた糸の部分が、日食と考えるとよい。サロスサイクルは18年ごとだが、地球をめぐるときに、１２０度ごとに西に移動しながら北上する。

そしてひもで区切られた布は、それぞれ色違いなのだ。この色違いというのは、役割が違うとかカラーが違うということで、いろんなサロスにつく番号は役割が違う通し番号でもある。糸がエーテル体だとすると、この糸で囲まれた区間はアストラル体だ。エーテル体が舞台装置やリングを作ると、その空白地点にアストラル体が降臨する。

応身は、この空白が同じ鋳型、あるいは色ならば、どこにでもやってくる。1万人が聖書を読むと、1万のイエスがそこにいる。お遍路さんをすると、そこに必ず空海がやってくる。

## 夢のエビ星人

わたしは2017年にトゥルパの本（『分身トゥルパをつくって次元を超える』弊社刊）を書き、その影響をひきずりながら、直後にタロットカードの本を書き始めた。トゥルパの本では、達磨大師が陽神を作り、やがては陽神が達磨大師の肉体を飲み込むことを書いたが、この仙道の行法そっくりに、タロットでは［19］太陽のカードで分身の子どもができて、このふたりの子どもは長々と会話する。ふたりが一体化したシーンが［21］世界のカードだ。このタロットカードの本は800ページにもなった。トゥルパの本を書いている時からちらちらと、そしてタロットカードの本を書いているころにはわりに露骨に夢の中に出現した存在がいる。

形としては筒のようなもので、上と下にトイプードルの毛のように膨らみがあり、筒は7つに区切られている。この7つというのはチャクラのようなものかもしれない。そもそもわたしは、QHTのときに見てい

たように自分のことも半透明の筒とみなす癖があり、ただわたしにはチャクラはなく、ただの鯉のぼりのようなものだと思っていた。

この存在は全体がオレンジ色で、上と下のふくらみが大きいということで、外宇宙とのインターバル部分が活発で、この筒の中にやや強めのエネルギーを持ち込んでいた。そしてこの存在が言うこととは「楽しもう」ということだった。オレンジ色で、楽しむということから、この存在はちょっと享楽的で、複雑なことはごちゃごちゃ言わないでエンジョイしようということをわたしにすすめているということなのだ。もちろんわたしは原稿を書いたりすることが心底楽しく、これこそが真のエンジョイなのだが、この存在はどうも違うことを要求しているようだった。違うことで楽しもうと言ってるのではなく、同じことをちょっと違う角度から楽しもう、とか。

でもだいたい言うことはわかる。7つというと、これは音階のようなもので、音楽とは7つの音が跳ね回っているものであるから、音楽を聴いて楽しむというのはこの存在が要求している楽しみかたのひとつでもある。それだったら、わたしは毎日聴いている。ひどい話、わたしは中学生のころから、毎日数時間音楽を聴いており、いま原稿を書いている時もだいたい1日12時間以上は聴いているだろう。出かけないとこんな程度だ。2018年になって、ランニングのしすぎで大腿骨が疲労骨折した状態となり、今はなかなか歩けない。6時間ごとにロキソニンを飲んでずっと事務所にいる。だから、12時間聴いていられるというわけだ。ヤフオクでアナログレコードを大量買いしたので、まだ聴いてないレコードがたくさんある。

わたしはある時期から、この存在をエビ星人と呼ぶようになった。まず色がエビのようにオレンジ色である。それに筒の形は少し曲がるとエビになる。エビもチャクラのように仕切りがあるから、全体にこの名前は妥当だと思われた。相模湾方向から来たような気もする。

フェイスブックで複数の人で精神宇宙探索の集まりのようなことをしている時に、神社の宮司のTさんが夢の中で複数の女性のチームを見たと言い、ほかの人たちがなぜかこれをハピネス軍団と呼ぶようになった。彼らは金星から来た金星人チームと言ってもいい。わたしもエビ星人は金星関係だということはははっきりわかっていたが、チームに参加もしないし軍団にもならない。そもそも人間の形になったことは一度もないし、Ｔさんにとっては美しい女性の姿ということが重要な項目でもあったので、エビ星人はかけ離れている感じもあった。Ｔさんの言うハピネス軍団のイメージは、漫画ではプリキュアのようなもので、昔からずっとこうした元型はある。モモ色クローバーＺとかベビーメタルとか、バリエーションはたくさんある。だが、大人の男のＴさんのイメージからすると、それをもう少し大人的にしたものだという。とはいえ、Ｔさんの軍団も「わたしたちがいるから地球は大丈夫」みたいなことを言うということなので、ほとんどプリキュアかセーラームーンではないか。

## 七面観音

エビ星人を理解する手がかりは意外と身近にあった。日蓮が身延山の坂で集まった人々に説教をしていた時のことだ。日蓮はともかく坂が好きなのではないかと思う。日本では坂というと、ヨモツヒラサカから来ていて、「ＳＡＫ」の音は、裂けるとか、酒とか、桜とか、境界線を示している。さて、この身延山の坂での信者の集まりの中に、いつもの常連とは違う妙齢の女性がいて、ほかの人が何者かといぶかるので、日蓮はその女性に、あなたが誰かみんなに教えてあげなさいと言った。日蓮がその女性に水を一滴垂らすと、女性は緋色の鮮やかな紅龍（赤龍）に変身した。緋色はスカーレットだから、これはわたしが見ているオレンジのエビに近いのではあるまいか。

日食の時に真実の太陽のドアの鍵が開き、太陽系の外の存在がエーテル体ベースの上にやってくるが、これは応身という形式になる。決して地球ベースではない。つまりフェイズ1存在が、フェイズ3のレベルに入ってくるということだ。真実の太陽の扉を使うもうひとつの手段は、ヴィーナス・トランシットだ。ときどき地球と金星と太陽が一直線に並ぶ。このサイクルは100年以上あり、最近では2012年の6月6日にあり、次回は2117年となる。ケプラーはこのことを指摘していたが、彼が生きている間にはそれは起こらなかった。

日蓮の七面観音[*]の話が重要なのは、妙齢の女性の姿から紅龍に変化したことで、このシェイプシフター（shapeshifter＝変幻自在な存在）は金星と太陽の向こう側の通路になっているということを意味する。だから金星そのものであ

＊七面観音
日蓮宗において法華経を守護する女神。七人天女とも。

るハピネス軍団とはあきらかに定義が違う。

このことで思い出すのは、145番系列の日食は、1999年の前には1981年があり、わたしはそのときにスピカに体脱した。最初、わたしは通路がないと思ったのだが、そもそもどこに行くかもわからないのにどうして通路がないと思ったのかはわからない。するとあらわれた数人の男性が溶けて筒になり、わたしはその中を回転しながら大砲の中の弾丸のように飛んでスピカに到着した。

男性の形はもちろんフェイズ4風の形態だ。スピカはフェイズ1のカテゴリーなので、フェイズ4からフェイズ1まで通路ができたということになる。

わたしの夢の中で、エビ星人が人間の女性の姿になったことは一度もない。それどころか、夕空の茜色の色彩をドレスの裾のようにまとわせて歩いてきた。エビ星人がいる時はいつも背景は茜色。その匂いからなんとなく、これはたとえると若い女性のようなキャラクターだなとは思った。だがフェイズ3以上では、そもそも男女の区別というものがないので、男性にしても女性にしてもかまわない。

フェイズ4ではこの世界の映像が見える。男性だったり女性だったりという人の形があり、また建物があり、道路があり、車が走っていてこの世そのものの光景だ。フェイズ3はエーテル体なので、エネルギーの渦とか、植物的な形態、装置の中の配線のようなものが多い。わたしはこれを蜘蛛の巣とか惑星グリッドとしても説明した。フェイズ2はアストラル体で神話的元型のようなものでもある。これはエーテル体のグリッドの隙間に降臨するので、かぐや姫が竹林の中にいたようなものだ。同じ元型ならどこにでも出現するが、特定の場所に欲望を通じて拘束されてしまったのがフェイズ4でもあった。

フェイズ1は星雲界とか恒星領域なのだが、これはグルジェフの言う高次思考の性質でもあり、ロゴス、図形、数字のようなものでもある。絶対音楽のような、イメージを伴うことのない抽象的な音楽はたいていメンタル界を表現しようとしていて、たとえば、いったいどういう具象イメージなのかさっぱりわからないブルックナーの音楽とか、ベートーヴェンとかバッハの音楽などは、フェイズ1の世界を表現しようとしている。フェイズ1の恒星領域には、まず人の形が登場しない。わたしがアルシオンのことをクラインの壺のようなものだと書いたのも、これは生き物なのか、ロゴスなのか、抽象的な意味なのかわからないということでもあるが、しかしフェイズ1の意識とは、これらを生物とみなすような世界でもある。ロゴスが暮らしていると考えるといい。

エビ星人は、人の形になる気がなく、つまりシェイプシフターすなわち通路として登場してきたわけではない。テーマははっきり本人が言うように「楽しもう」ということだが、この形は龍というよりも、何か図形の傾向が強く、つまりフェイズ2のアストラル体というよりも、フェイズ1のロゴスの比率も高い気配がある。7つが重要で、そして上と下のインターバルがトイプードルのように大きいということにすべてがあらわれているのかもしれない。

## 9と7――エニアグラムの構造

このエビ星人は、もっぱらわたしがタロットカードの本を書いている時に登場した。わたしはそもそもタロットカードの意味を考えるときに9分割方式を使う。たとえば［8］正義のカードは、8つの惑星で成り立つ全惑星意識と説明する。［17］星のカードは、1と7を足すと8で、［8］正義のカードと同系で、こんどは8つの恒星で形成されている。［7］戦車は地球を駆け回るケージの中のハムスターで、同じ系統は、［16］塔であり、これは宇宙に飛び出す戦車で、［17］星のカードが示す全恒星クラスターのケージの中のどれかに飛ぶ。

ホドロフスキー*はタロットカードを10の数字で分割し、タロットカードを1階と2階のふたつのグループにわけていく。それも参考になるが、わたしはカードそれぞれの意味を考えるにはどうみても9で分割するのが理想的だと思っていた。ごくわずかに10進法を使い、ほとんどは9進法で解釈するのがいつものやりかただ。

こういう時に、あるチャネラーというか宇宙コンタクティの資料では、タロットカードは金星人がもたらしたもので、彼らはタロットカードを7枚ごと3つのグループに分けているという話を読んだ。わたしはこれがあまり気に入らなかった。1から7、8から14、15から21というのは、意味の整合性がとりづらく、順番に並べてもあまり意味がないのではあるまいか。むしろカードの

意味を台無しにするようにも見えた。９で分割すると、これはタロットはロゴスであると考えたようなもので、７で分割すると、ロゴスというよりも、音楽のようなトーンで考えていくことになる。誰かが意味を説明している時に、じっとそれを聞きながら、内容は覚えておらず、声がよかったと言われるような。

この９と７の関係を考えると、それはまさにエニアグラムそのものではないかと思われる。エニアグラムはグルジェフが西欧に紹介したもので、もとはスーフィーの法則図らしい。外側には１から９までの数字が順番に並び、ここに10はない。つまりどんな数字を考える時も９までに還元する。

一方で、内部には不思議な配列がある。この数字を１から線で結ばれた順に並べると、１を７で割った時の循環小数０・１４２８５７１になる。９進法世界を７で割ると、こういう順番で動きますよというものだ。エニアグラムの外側をいち、にい、さんと読む時、頬杖で声を聞いている金星人らしき存在は、この外側の数字の順番を、１４２８５７１に組み替えてしまうと考えてもいいかもしれない。内容を

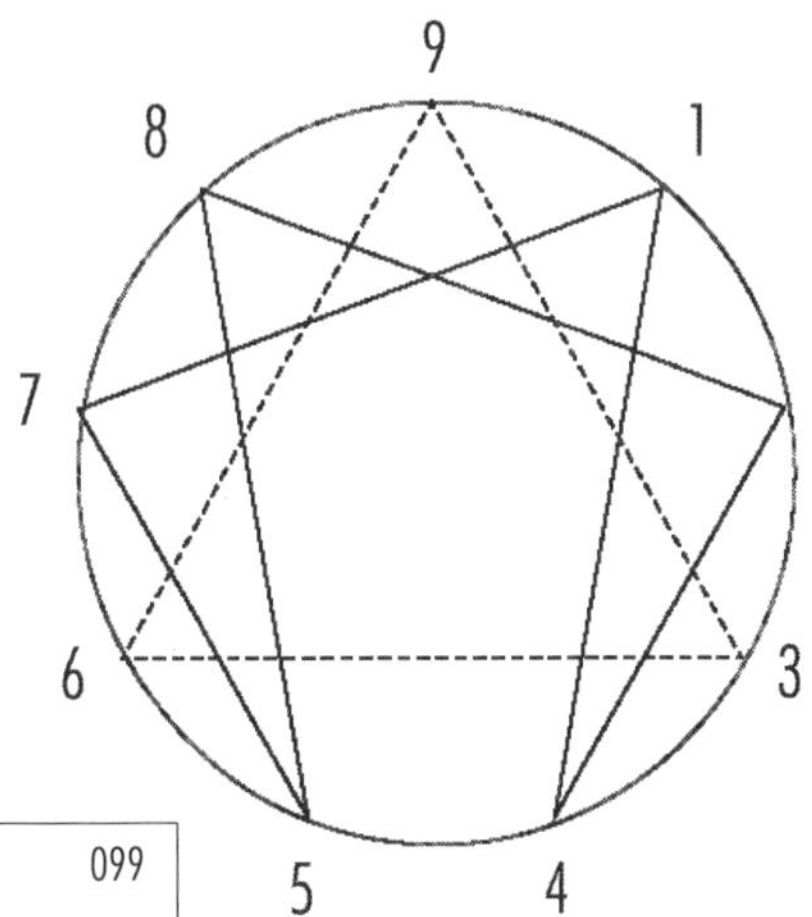


＊ホドロフスキー Alejandro Jodorowsky Prullansky。アレハンドロ・ホドロフスキー・プルジャンスキー。１９２９年〜。チリ生まれ。映画監督、俳優、作家など多彩な顔を持つ。タロット研究家としても知られ、フィリップ・カモワンとともにカモワン・タロットを制作した。著書『タロットの宇宙』（国書刊行会）などがある。

聞いていないというのは、いち、にい、さんと一緒について来てくれないからだ。

タロットカードをわたしのように9進法で分類する方法があるとしても、チャネラーの言う金星人のように、1から7、8から14というふうに、そのまま7つで並べ替えるのはあまり正しいとは言えない。順番は142857にしたほうが好ましい。でもこれはおそらくチャネラーの頭の容量を超えていたのだと思う。そもそも金星人がタロットカードを地球人に伝えたといっても、実際に肉体を持った金星人がUFOに乗ってきて、地球人とコンタクトして教えたということは考えられない。文化も存在状態も違う知性体が直接出会うと相互破壊になるので可能な限りそれを避けるだろう。

知識を伝えたというのは、夢とかテレパシーとかの手段によってであると思われる。すると、当然受け手は地球知性に翻訳するので、そこに歪曲が生じる。地球知性に応じて情報は変わっていく。これはすでに書いたように、特定の振動の存在にはそれにふさわしい情報や記憶が集まるという法則で、チャネラーも自分の頭脳に応じて受け取るので、チャネラーの知性構造に、9進法を7進法に変換するには142857になるという知識はないのではあるまいか。

9の数字をそのまま7に持ち込むと、ふたつが余ってしまい、この扱いに困る。エニアグラムは7の法則が3種類組み合わさるにはどう組み合わせればいいかを提示したもので、複層的な「合法則的不規則性」を示している。

わたしがもっぱら9進法でせっせとタロットカードの本を書いている時に、もっと楽しもうよと言ってやってきた7節エビ型金星人は、このタロット体系を7つの数字で分割してくれと要求しているのだと思われる。というのも、わたしにとって「楽しむ」とはこれ以外に考えられない。もっとも充実して、楽しく、わくわくすることとは、この手の本を書いたり解明したりすることなのだ。それによってわたしの立方体は維持されている。だから、それ以外のことを楽しもうと言っておらず、これを音楽的に「もっと楽しもう」と言っているのだと思われる。

## 仏教的なエニアグラム

ずっと昔、わたしがエニアグラムと十牛図は同じものであるという本（『意識の10の階梯―意識進化の羅針盤「エニアグラム」と「十牛図」』ＶＯＩＣＥ）

を書いていた前後に、Mさんという人から手紙をもらった。Mさんは赤山禅院*に所蔵されていた星供養の文献のコピーも送ってくれた。記されている文字は通常の日本語ではないので誰も解読できない。Mさんと彼の友人のGさんはふたりともサンニャーシン*で、京都のアパートで一緒に暮らしている時に、しばしば近所の赤山禅院に遊びに行き、寺男から秘密だからねと念押しされて見せてもらった資料だという。これは仏教的なエニアグラムというもので、エニアグラムはインターバル三角の部分の3と6と9が独立して破線の三角として描かれる。つまり7つの音階の中では、この3と6と9が除外されており、これが7つの運動の律動を支配しているというものだ。3と6と9の働きかたしだいで、7つは元気になったり、しぼんだりする。赤山禅院の資料では、この三角の頂点、すなわち9の位置に金星が配置され、3と6には、ラーフ、ケートゥ*が配置されていた。

ヒンドゥー占星術では、ラーフ、ケートゥは月の交点（天球上で黄道と白道とが交わる点）であるが、金星が頂点にある三角に、この月の交点では似合わない。つまりここは、金星の交点であると考えたほうがいい。サウスノードは「サ

*赤山禅院
延暦寺の別院で、京都府左京区にある天台宗の寺院。

*サンニャーシン
世俗的な生活から脱して修行を始める人のこと。

*ラーフ　ケートゥ
どちらもインド神話に登場する天体だが、ヒンドゥー占星術において は、ラーフは西洋占星術におけるドラゴンヘッド（月の昇交点）、ケートゥはドラゴンテール（月の降交点）にあたる。

ゲ」で、ノースノードは「アゲ」だ。そしてこれが金星の交点ならば、頂点の金星は、通常のハピネス軍団の金星ではなく、ヴィーナス・トランシットの金星だ。

7つの音階は、唯一9の部分で共有されており、これは音では下のドか上のドの音だ。もともとエニアグラムはウスペンスキー*が『奇蹟を求めて』で紹介したものだが、赤山禅院の図に倣うならば、七面観音たるヴィーナス・トランシットの金星は外宇宙との扉となり、またこれは7つの音階を支配し、元気にさせたり、おとなしくさせたりするインターバル的な作用とともにある。

実際わたしの夢では、最初に見たエビ星人は、頭と尻尾の部分が大きく、ここから外界のエネルギーを取り入れることで、中の7つの節がパワフルに活動するというものだった。いま思うに、わたしが少し引いたのは、筒が太くなったり細くなったりとダイナミックすぎるという感じがあったからである。

日食の時の月ベース、そしてヴィーナス・トランシットの金星ベースが、真実の太陽の扉を使って出入りする代表的な2種類の通路をあらわしている。それぞれ、本来の月、金星という意味とは異なる。金星はフェイズ4であり、月

*ウスペンスキー
Пётр Демьянович Успенский。ピョートル・デミアノヴィッチ・ウスペンスキー。1878～1947年。ロシアの神秘思想家で、グルジェフとの出会いに衝撃を受け、グルジェフの思想を『奇蹟を求めて』（平河出版）で紹介した。

はさらにその下のフェイズ5だ。これは名づけるならばゴラム*で、ともに真実の太陽の扉を開けることはできない。

*ゴラム
Gollum。J・R・R・トールキンの小説『ホビットの冒険』『指輪物語』に登場するホビット（小さい人）。日本語訳の小説ではゴクリと呼ばれている。

## 男性は外に、女性は内に

占星術では金星は女性的なもの、楽しみ、華やかさなどを示している。もちろん動物系知覚では、金星とはあの空に見る金星であり、そのどこに楽しみという意味があるのかと聞かれそうだが、内臓と共鳴する植物的知覚は、金星を楽しみを示す天体と受け取る。金属ではこれは銅に関係する。

金星は人体では腎臓に関係する。腎臓の内部組織は、雨を受け止める小さな杯のような形で、これは外からのものを受け取るが、自分から生み出す作用はない。そして受け取ったもので満たされることに喜びもあれば、また入ってきたことそのものを喜ぶ。入ってきたものに楽しくないものがあると受け流し、貴重なものを受け取るということに、ろ過機能がある。たとえば買い物のときに、実用的に役立つかどうかよりも、かわいいかどうか、ときめくかどうかで選ぶというのは金星的選び方だ。

これに比較すると、男性は火星にたとえられる。火星は地球よりも外の軌道にあり、地球的なものを平均的生活とみなすと、その外に拡張するということで、冒険、チャレンジ、行き過ぎ、興奮などをあらわす。つまり火星は外に飛び出す興奮作用を楽しみとし、金星は内側に入ってきたものにときめくかどうかで判断する。火星は地球から見ると不安定な動きをする。見かけの逆行が大きいので気まぐれな動きをしているかのように見える。テンションが上がったりダウンしたりと忙しい浮き沈みは目立つ。これらは男性と女性の性器の形と動作特性にどこか似ている。男性は外に飛び出す器官の形をし、女性は中に受け入れる器官の形をしている。

地球と金星と太陽が一直線になるヴィーナス・トランシットでは、金星を通じて太陽の向こう側に行く。となると火星は地球よりも外側に向かいたいが、もちろん火星はヴィーナス・トランシットのような特別なものがなく、太陽系の外にまでいく機能はない。しかしそれでも先に進むと、冥王星との関係が生じると思われる。冥王星は火星のブースターだ。冥王星は太陽系の外への扉とも言われる。太陽系の中心を通じて外に行くことと、太陽系の端から外に行くことの両極端の通路は、女性的な方法と男性的な方法と分類してみてもいいかもしれない。太陽の扉から外に出る方法は光輝く中を進む道で、冥王星からというのは第三のルートとして薄暗く怖い道かもしれない。

　というのも二極化された太陽の光がバーンアウトした瞬間に太陽の扉が開くとしたら、冥王星は、太陽の光あるいは磁場が見えなくなるくらい遠ざかった果ての脱出口だからだ。学校から卒業して出て行くのと、途中から脱落して出て行く違いのような感じかもしれない。

## 無の壁を越える

　だが、この火星の〝外への姿勢〟と、金星の〝内への姿勢〟は境界面に行くと逆転する。「太陽は下に向って太陽であり、上に向かって月である」という有名な言葉がある。太陽は、惑星に向かうと二極化された光ある太陽に変わり、きわめて保護的でありまた支配的だ。しかし銀河に向かうと、それは月のようになってゆく。つまり全惑星意識の周囲をめぐる7つの恒星のうちのひとつに過ぎず、全太陽としてのグレートセントラルサンに対して受容的なのだ。一方で、太陽は内側の惑星に向けては積極的で能動的であり、これは男性的にも見える。

冥王星の場合、火星の射出する勢いで外に飛び出そうとするが、冥王星にはカロン、ニクス、ヒドラほかふたつの衛星があり、地獄の渡し船のカロン*は向こうに送り届けるものもあれば、向こうからこちらに持ち込むものがあり、これは受け取り装置になるのだ。

太陽と冥王星は表と裏の共同関係にある。太陽は全太陽意識の周囲をめぐる7つの恒星のうちのひとつであるが、太陽がほかの6つの恒星に切り替わるわけではないし、またほかの恒星の影響を自発的に太陽系の中に持ち込むわけでもない。

ところが、軌道離心率が大きく、太陽のいいつけをあまり忠実には守らない不良息子のような冥王星は、太陽系の外の異物を持ち込み、太陽系を不穏にさせる。異物を持ち込むことと、太陽の外の兄弟恒星にスイッチを切り替えることが連動している。

人体では冥王星に対応するものは外との接点の部分。たとえば口、耳、鼻、性器、肛門など。火星は勢いよく射出しようとし、冥王星ブースターを借りてパワフルになるが、この射出の果てに空になると、反対に吸引作用に切り替わ

*地獄の渡し船のカロン
冥王星の第一衛星で最大の衛星カロンの名は、ギリシャ神話での冥界の河ステュクスの渡し守カロンにちなむ。

Gustave Doré "Charon"

る。吸引作用に切り替わるタイミングは自分が持っているものを全部排出して空になることだ。放電しきると充電したくなるだろう。また自分の勢いそのものので防衛していたのだが、それが効かなくなるので、外からの影響を持ち込んでしまうのだ。

金星は受容機能がピークに達すると、つまり楽しみ機能がいっぱいいっぱいになってエクスタシーの極に至ると、太陽の扉をすり抜ける。太陽はここで受容器へと切り替わり、ほかの恒星の影響を受け取ることになるが、こんどは太陽は内側に対しては強気で積極的な排出機能に変わる。

金星、火星ともども、楽しみが自分の許容度を超えて、自分の体あるいは感受性の許容範囲を打ち破った時、位相が反転して無の扉の向こうにあるものを引き込んでしまう。むしろこの両方が連動しないと外に飛び出さないのかもしれない。というのも何事も一方的な運動というものは存在しない。わたしたちがどこかに向かって走るときとは、到着地点から自分の身体を引っ張ろうとする力が働いていて、それに引き寄せられて到着地点まで走ることでもあるのだ。到着地点まで単独で走るのはとうてい無理な話。この未来から引き寄せる力を

「意図」と呼ぶ。作家は書き終わってはじめて自分が何を書こうとしていたのかを知る。走るときに「自分が走っているのだ」「この意志は自分から出たものなのだ」と考えることは、主体と客体が分離した二極化思想特有の近視眼から発生する。実は一方的なものなどどこにもない。

またこの体あるいは感受性のサイズを打ち破るという言い方は、それまでの枠を超えるという意味で、フェイズ4からフェイズ3へ、フェイズ3からフェイズ2へ、フェイズ2からフェイズ1に至る関所で無に似た壁があり、この無の壁を越えるとは、いままでの自分のサイズ内で活動するのではなく、活動力そのものが自分の枠を壊してしまう、いわば自爆する時にあたかも気絶するかのようにして飛び越えるということにもなる。能動的なものは限界を超えると受動的なものに変わり、受動的なものも限界をこえると能動的なものに変化する。主体が客体に、客体が主体に切り替わるとも言える。わたしたちは自分の主体的な視野を打破できないと思っている。しかし使い切って空にすると、それは反対のものに変わるのだ。弱気の極に行くとも言える。

世界の内部で陰陽活動をすることで、世界は保たれる。つまり世界のサイズの中では、それよりも小さな範囲で陰陽活動をすることが世界を維持しつつの平和な活動だ。ところがこの陰陽活動が限界を越えてしまい、そもそもの自分の枠をはみ出してしまうと、それまでの陰陽活動で成り立っていた自分が崩壊し、意識は射出することで成り立つというルールは保たれたまま、こんどは意識は射出されていることで成りたつという側に変わる。それまで維持されていた意識が断絶し、つまり気絶し、気がつくと、無の壁を超えた場所に立っているということになるのだ。これを暗転というのかも知れない。ふっと意識を失って舞台が変わった。

亀は冬眠中に、かなりの比率の亀がそのまま死んでしまう。つまり暗転の後に、残っているものもあれば、無の壁を越えられず死んでしまうものもあるのだ。この違いは、より上位の意識がパイロット波として働いているかどうかにある。前の自分と後の自分との間には、無の壁があるのだから、なんの関連性もない。しかしそれでも、前の自分と後の自分は継続している、あるいは関係していると思うには、上位の意識が、その下部構造として前と後の自分を結び付けていて、この変容を新陳代謝だとみなしていたという状況が必要なのだ。

一瞬気絶していたが、これは死んだわけではないと言える状態にしておくことなのだ。

これはちょっと難しい話かもしれないが、フェイズ4からフェイズ3に移行するには、フェイズ2が糸を引いている必要があるということでもある。フェイズ3からフェイズ2に行くには、フェイズ1の助けが必要だ。冥王星は惑星なので、これは惑星意識としてフェイズ4に属する。これが太陽系の柵、すなわち二極化太陽であるフェイズ2の壁を越えるという大それたことをするには、フェイズ1の助けが確実に必要だ。そうでないと、暗闇に放たれた火星・冥王星は二度と戻ってこれない。これはフェイズ2の助けでできるのかというとまず無理だろう。そもそも二極化太陽が、自分の限界を打ち破るようなことを許すはずがない。

## フェイズ1に到達した眠りとは

夢の中で4つのフェイズが切り替わるたびに小さな無の断絶がある。これらをすべて連続的に記憶しておくことは極度に難しい。夢の中では植物系知覚が優勢で、もののサイズ、時間の長短はほとんど関係がないので、それぞれのフェイズの体験時間はほんの数秒でいいのではあるまいか。最近はよく質のいい眠りということが話題になる。シュタイナーは人はメンタル界ではじめてやすらぎを感じるという。フェイズ1はもっとも根源的な領域で、癒しとかやすらぎ、心の底からの安静とは、そんなもっとも根源的領域に到達した時のものだ。なぜなら、どんな捻じ曲がりも、この根底のレベルからならば再構築が可能だからだ。そして自分はここにいれば決して曲げられないといえる場所はフェイズ1以外にない。ここから降りてくるとすべてが修正されていく。フェイズ1では、感じたりイメージしたりすることはない。それらはみなそれ以下のフェイズでの行為だ。決して曲げられない根底的な領域ではロゴスだけが存在する。そのため、感じたり思ったりイメージしたりすることで疲弊したものは、フェイズ1ではまっさらに正される。

質のいい眠りは、フェイズ1まで行ってきた眠りで、質の悪い眠り、朝目ざめてもまだ疲れているというのは、途中のフェイズまでしか行けず、根本修正がなされていない状態だということだ。ポンコツの自動車を修理に出したが完全に修理されていない。乗ろうとするとドアが外れたとか、車輪の軸が曲がっているといったようなものか。フェイズ1だと、最初から作りなおしをするようなものなので、朝起きた時には〝完全に再生された〟と感じる。しかし多くの人は、フェイズ1では意識を保つことができず、それどころかグルジェフによるとフェイズ2でさえ記憶がなくなるので、昏睡していて夢は見なかったというだろう。

## 境界を超えてトゥルパを作る

地球より外側に向かって走るのが火星であり、太陽系の柵を突破しそうな段階で冥王星に化けるとしても、火星そのものは太陽系内ではまだそう行き過ぎはしない。逆行などがあり、不安定ではある。太陽系の柵の内側とは、二極化された太陽の光が支配するファーム、神の子羊のいるところ、あるいは聖書で言う楽園だ。太陽が無の壁とすると、冥王星の先の無は無限と表現したほうがいい。無と無限はセットで、この間に楽園が存在する。火星が冥王星に化け、その先の境界線を越えると心理や感情の保護膜を突き破り、まず間違いなくその人は意識を失うが、その後目覚めると、太陽が異なる恒星をアクセスした結果を目の前に見ることになる。

前述したトゥルパの本で、わたしは占星術の牡羊座の24度のサビアンシンボル「風が吹き豊饒の角コーヌコピアの形になる開いている窓」のことを書いた。この24度あたりは牡羊座の力が過剰になり、その余剰成分が異次元を突いてしまうのだ。牡羊座の支配星は火星だが、極端に走るとこれは冥王星に交代する。すでにこの24度で牡羊座の支配星火星は余剰な力で満たされており、開いている窓から外に飛び出す冥王星と化しているのだろう。

そして冥王星はその場所で力尽きて吸引器になり、窓の外からコーヌコピアを引き込むが、あきらかにこれは太陽系のファームの中に住む既存の元型ではなく、異形の姿をしている。これがトゥルパだが、「なんてとんでもないことをしてしまったのだろう」と後悔する。なぜなら、太陽系の中には存在しない神話・元型を呼び出したのだから。というより、太陽系の中に存在しないのならば、神話・元型とは言えないのではないか。しかし入り込んできた謎の存在に対しては、とりあえず、どこかにある身体のサイズに合いそうな衣服を着せるので、太陽系内の近似値的神話型になる。似ているが実は違うということははっきりしている。金星から持ち込まれる太陽系外成分をわたしはワームと呼んでいたのだが、2017年くらいからは思いつきで弱々しい虫〝WIMP〟*と呼ぶことにした。ワームはあきらかに「く」の字型のやわらかい虫に見えたからだ。これでさえ太陽系内元型には合わないので、それでわたしはこじつけで虫にしたり、WIMPにしたりしたのだ。WIMPには太陽系モデルとしての原子の形態がない。

冥王星を通じて持ち込まれたトゥルパは異なる恒星の反映だが、実際には自分が所属する全太陽統括のクラスタの外にあるものを引き込む場合もある。それはこのトゥルパを呼び出した意識が、全太陽意識の先に出自を持っている場合だ。全太陽意識の範囲内にある場合には、おそらく呼び出されたトゥルパは、太古の洪水前の元型に結びつくだろう。

日食やヴィーナストランシットは太陽の二極化の壁を越えるが、しかし異なる恒星をアクセスはしないし、アクセスする意志もない。しかし冥王星を通じて薄暗い中で壁を突き破り、トゥルパを作った時には、異なる恒星の性質をア

＊WIMP
物理学の用語でweakly interacting massive particlesの頭文字を結んだもの。ほかの物質とほとんど相互作用をしない、重い質量をもつ未知の粒子のこと。宇宙の大半を占めると言われる暗黒物質の一種ではないかとされている。なお、物理学用語ではない「wimp」という英単語自体には「弱虫」という意味がある。

クセスする可能性があり、その後心理的にはずっと傷ついたままとなる。自分を守るエーテル体の膜が裂けてしまうので、つまり月が壊れるので、何年も苦しむ人がたくさんいることだろう。しかし明確な意図でこれをする人がいる。そういう場合、トゥルパを作り出した当人の修復はどうやってするのだろうかということに、わたしは関心がある。修復プロセスとは、そのまま異邦人トゥルパがこの世界に適応するプロセスと同時進行のものとなるからだ。

## 宇宙連合と冥王星のスイッチ

太陽の先では、複数の恒星がグループを作っており、この知性体たちが連合となって宇宙連合が作られている。これは天文学的に近接した恒星、惑星の並びではない。連合は宇宙の警察組織のようなものとなっており、もちろん複数のグループがあるが、彼らはこのクラスターに付随した「道」を守る。むしろクラスターが道そのものだ。恒星はロゴスなのだから。そしてこのシステムの中で、たとえば太陽系ファームの中での輪廻法則なども作られていく。問題が生じたら、そのつど細かく修正するし、修正のためには未来から過去に戻ることもあるし、知識が間違って漏れ出た場合にも回収してまわる。

しかし冥王星のスイッチは、ときどき、この連合とは異なる恒星をアクセスすることになるので、埒外の力を象徴化したトゥルパを作った時、いや呼び出した時には、その対処にあたってのマニュアルはない。マニュアルというのは安定したシステムの中で作られるものなのだから。

これは確かに遠い未来においては連合の幅を拡大することになる。金星のハピネス軍団はこの事態にまったく気がつかないし興味を向けてさえいない。彼らは内部の平和と幸福を願っており、この問題は管轄外の話だ。金星は火星とは共鳴するが、火星が冥王星に化けた時には、それに対応する金星はあるにはある。だが、このことを本書で扱うと長くなりそうだ。太陽系内のハピネス軍団や太陽系の外の全恒星連合は異物招聘には興味を持たないという技術を持っている。わたしたちはこの興味というものをコントロールできない。興味を持つとターゲットに貫通される。だから世界を守るには毫も興味を持たないことが大切だ。ある錬金術の本に、錬金術師がある貴族に「実験の最中に緑色を思い浮かべると必ず失敗します」とアドバイスしたおかげで、この貴族は一度も成功しなかったという笑い話が書かれている。興味をコントロールできるとは、一度たりとも緑色を思い浮かべないということなのだ。

## 12感覚

夢の中で複数のフェイズを体験する時に、それを体験したと言える人は、どういう時のことを言うのだろうか。映像があって、会話があってなど、なにかはっきりした感覚的成果を求めているはずだ。ところが、感覚には多くの人が感覚とは認めてない種類のものもたくさんあることを、人はあまり知らない。

ヘミシンクの会で、「わたしは何も見なかった」という人が、あとで大量に体験していることが判明することがあるが、本人は自覚しないこともあるのだ。グルジェフにいわせると、フェイズ1とフェイズ2では意識を失うと言ったが、かなりの人が、意識があるのに、それを意識があるとみなしていない場合もある。まずもっとも素朴に、映像が見えなかったから何もなかったという人。これはもっとインタビューする必要がある。すると大量の記憶が出てくるものだ。わたしたちは身体感覚でも、それまで意識していなかったものを開発するということはよくある。身体の奥の深層筋とかに付随する感覚も目覚めにくい。目覚めさせてしまうと、その後思いのままにそこを刺激できるが、新しい感覚を目覚めさせるとは幼児に排尿の感覚を教えるようなものだ。最初、幼児はコントロールができないので、母親がしーしーという声で教える。この排出の感覚を確実に覚えた子どもは、それは気持ちいいとか楽しいと感じるようになる。

空海が言うように本質は感覚ではない。だが本質を表現するのに感覚を使うしかないというのも事実で、感覚は単調にいつも同じものばかり使うより、使えるチャンネルをどんどん増やしたほうがいい。たとえばわたしは1日に12時間程度音楽を聴くが、終わりころにはたいてい聴覚がばかになったような気がして、すでに音楽は苦痛を感じるものと化している。しかしまた次の日になると気分一新、朝の4時半くらいから聴き始める。味覚はここまで頻繁に使わない。食物がおいしいかどうかはあまり興味がないので、調味料なしでもいくらでも食べられる。たとえば味覚をやや弱めにして、生命感覚という感覚を強めにすると、味よりもその食物から入ってくるパワーに興味が向かうようになる。そういう人は活き造りばかりを食べてしまうか、ひどく高級な食材に目を向けて、高麗人参でも王様の人参を狙うと思う。

感覚は五感として、見る、聞く、触る、味わう、匂うという5種類だと言われるがこれではあきらかに少なすぎる。おそらくどんなに未発達の人でも最低限これくらいは認識できるだろうということで決められたにすぎない。シュタイナーは12サインをそのまま12感覚にあてはめた。アルバート・ズスマン*はそれが気に入って12感覚論を書いた。

| 牡羊座 | 自我感覚 |
|---|---|
| 牡牛座 | 思考感覚 |
| 双子座 | 言語感覚 |
| 蟹座 | 聴覚 |
| 獅子座 | 熱感覚 |
| 乙女座 | 視覚 |
| 天秤座 | 触覚 |
| 蠍座 | 生命感覚 |

＊アルバート・ズスマン Albert Soesman。ソーズマンとも。1914～2007年。オランダのハーグで医者、人智学研究者、ゲーテ研究者として活動。12感覚についての著書には『魂の扉・十二感覚―人智学講座（耕文舎叢書（3））』（イザラ書房）などがある。

| | |
|---|---|
| 射手座 | 運動感覚 |
| 山羊座 | 均衡感覚 |
| 水瓶座 | 嗅覚 |
| 魚座 | 味覚 |

わたしはつくづくこれはよくできたものだと思う。これを読んでいる人では、この中でよくわかるものもあれば、まったくわからないというのもあるはずだが、理解できないものはたいていこの感覚がまだあまり開発されていないということだ。開発されていないので言われてもぴんと来ない。わたしが講座などで12感覚を教えても、理解不能となる部分があるのではないだろうか。幼児に排尿を教えるように、それは何カ月もかけて習得しないとわからないのかもしれない。

## みんな思考にしがみつく

おそらくもっとも理解が難しいと思われるのは、牡牛座の思考感覚だ。その理由は、多くの人が思考を自分と勘違いしているからだ。正確にいえば自分と思考を同一化している。グルジェフの言う自己想起というのは、何かに自己同一化して自分が不在になっている現実を見つめることで目覚めていく訓練のことだ。わたしは疲れている。しかし疲れているのは身体であり、わたしは疲れていない。身体は自分ではない。感情は自分ではない。そして思考は自分ではないというふうに自己想起を奨励するのは、サイコシンセシスのアサジョーリ*だ。

わたしたちは海で溺れないように思考を必死でつかんでいるので、思考は身動きがとれない。なぜしがみついてしまうのか。それは思考は外界の影響に振り回されにくく、つまりひどく鈍く、そのぶん安定しており、自分で勝手に動き、比較的連続性を保ちやすいからだ。これにしがみついていると、自分は継続すると思えるからだ。理論には統一性や連続性が必要だ。瞬間瞬間どこかに飛んでいってしまうと、その人の統一性はまったくなくなる。1足す1は2と決まっているが、次の日の朝、気分が変わったので4にするというわけにはいかない。とはいえ、感情の連続性に依存する人は、思考がばらばらになっても

*アサジョーリ
Roberto Assagioli。1888〜1974年。イタリアの精神医学・心理学者でサイコシンセシス（統合心理学）の創始者。無意識を上位・中位・下位に明確に区別し、上位無意識をトランスパーソナル・セルフ（高次の自己）と規定した。

かまわないかもしれない。こういう人は、いったん思い込むとどんな説得にも応じない。

自我と思考は混同しがちだが、自我はシンプルに意識するというものであり、思考することとは違う。思考と感情ははっきりと違うものだが、しかし思考を偽装した感情というものはある。これは感じることで組み立てられた思考だ。思考は感じなくても働くことができる。感じることの変化で思考が変わるというのは考えにくい。だからみんな思考にしがみついて、自我と思考を混同してしまうのだ。思考にしがみついていれば、とりあえず吹っ飛ばされない。

## 思考がやって来る瞬間

思考を自分から引き離すのも自己想起の訓練のうちのひとつだが、自己同一化をやめていく訓練は、タロットカードでは［11］力のカードに描かれている。ここで絵柄のライオンを牛に変えてみよう。思考はよく牛にたとえられるからだ。「わたしは牛ではない」――女性は牛を身体の下半身から引き離し、

じっと見ている。

狼と走る哲学者マーク・ローランズ*は、「考えることをやめると思考がやってくる」と言った。ランニングしていると、無心になることが多く、すると思考がいきなり飛び込んでくる。これが思考感覚の本来の働きだ。スポーツは動くことなので動物系知覚で行うことだ。もちろんエーテル体のスポーツというのはいくらでもあるが、それでは呪術のようになってしまう。

植物系知覚を働かせるには、動物系知覚の動きをストップさせなくてはならない。しかし、まだ世間でやりたいことがたくさんあり、野心もある時には、心もそれに占有されてあれこれと戦略を立てることに忙しく、じっとしていることは難しいので、そういう人に座禅をさせることはできない。

こういう時には、運動しつつ、その中で植物系知覚が働くようにすればいい。そうすれば、動物系知覚も植物系知覚も両方満足させることができる。マラソンは1時間も2時間も、あるいはもっと長く同じ動作を単調に続ける。わたしは数年前に一度だけホノルルマラソンに参加したことがあり、この時は4時間未満で完走したので、そのくらいの時間をずっと同じ動作を続けていたことに

*マーク・ローランズ
Mark Rowlands。1962年〜。イギリスの哲学者。一匹の狼との出会いからその死を看取るまでを綴った『哲学者とオオカミ─愛・死・幸福についてのレッスン』（白水社）が世界的ベストセラーとなった。

なる。サロマ湖マラソンなどのように100キロくらいだと、10時間よりももっと長く走る人がいるだろう。

するとある段階で、動いてはいるが、あたかも動いていないかのような気分になる。このときに、植物系知覚に切り替わるのだ。深い意識が働き、何かトランス状態に入ったかのように見える。事実100キロ程度のマラソンだと、日常意識はほとんどなくなり、樹木を見たら樹木が語りかけてくるなどという体験をする。水を突き出されてもそれが水だと認識できない。

人はこれをランニングハイというかもしれないが、これは動物系知覚特有の定義だ。つまり形で見て質で見ようとはしないし、もっと困ったことに、すべてのことから「意図」を抜き去るので、痛みを抑えるために脳内麻薬が出るのだという理由を捏造したりする。マーク・ローランズは狼と暮らし始めたが、狼が家具を壊してしまうのに困った。だから一緒に走って疲れ果てさせようとしたのだ。狼はマーク・ローランズの動物系知覚の象徴でもある。未踏の分野を駆け回る哲学者でありたいのだ。狼とともに走るのだから、スローなジョギングなど許されない。そのうち走っているけど止まっている気分になる。頭の中を走る、すなわち考えることも止まってしまう。するとふと思考がやってきた。これは発見とか発明の瞬間でもある。ある時唐突に天から降ってくるのだ。『ボーン・トゥ・ラン』の著者クリストファー・マクドゥーガル*は「ランニングの中で解決できない問題は一生解決できない」と言っているが、天啓を座ったまま手に入れるというのは難しい。しかし走ればこのモードには確実に入れることはわかっている。2時間待ってもらえますかと言って、ランニングウエアに着替えて走ると、確実にこのモードに入れる。わたしは、あまりにももったいないので、知り合いのランナーには必ずICレコーダー持参で走るよう勧めていた。ランニングが終わって歩き出すとすっぽり忘れるので、その前に録音しておくのだ。

*クリストファー・マクドゥーガル
Christopher McDougall。1962年〜。アメリカのジャーナリスト、作家。ハーバード大学で英文学を学ぶ。『BORN TO RUN 走るために生まれた ウルトラランナー VS 人類最強の〝走る民族〟』（NHK出版）は全米でベストセラーとなった。

## 思考感覚、言語感覚、味覚

特定の振動にはそれにふさわしい記憶域がアクセスされると書いた。だから、フェイズ4、フェイズ3、フェイズ2、フェイズ1、それぞれにふさわしい範囲のアカシックレコードの図書館がある。フェイズ4の図書館は、占星術の12

サインそのものでもある。

12感覚も、そのそれぞれの階層で働き、それぞれのレベルの情報を拾うセンサーとして機能する。アカシックレコードを読む人は、みんなそれを映像的に読んでいるわけでもない。少なくともシュタイナーは、あるレベルのアカシックレコードについては、それを文字の羅列として読んでいる。というのも、映像イメージはあるレベル以上に行くと重すぎて息絶えてしまい、使えなくなってしまうのだ。

乙女座の示す視覚で見ることはわたしは人より得意かもしれないが、最近はこの映像で見ることよりも、牡牛座の思考感覚を使うことのほうがより好きになった。何かに興味を向けると、映像やビジョンではなく、思考でやってくるのだ。この思考は言葉ではなく、概念の塊のようなものだ。続く双子座は言語感覚で、ここでは言葉の説明になるが、まずはその前に概念としての牡牛座の思考感覚があり、これをインスタントラーメンをゆでて麺をほぐすようにほどくと、文字の羅列としての文章になる。これも自己同一化しないのなら、自動的に説明に化ける。

牡牛座は土・固定サインで、続く双子座は風・柔軟サインである。そもそも双子座の支配星の水星は肺に関係し、肺がそれぞれ小さな部屋に分かれているように、情報を小分けする。牡牛座の土の塊を解体して細かく分けていくのだ。オーラは映像を見るものだと思う人が多いと思うが、思考感覚で受け取ると概念として受信する。あまり言語感覚で受け取りたくないのは、説明が長いと面倒だからだ。男の言葉だといいかもしれない。一日に「めし」「べつに」「寝る」と三言しか言わないようなタイプなら気楽でいい。タロットカードのパスワークで愚者のカードに入った時、いきなり宇宙空間を船で移動していた。どこにいくのだろうと思うと、「アンタレス*」と声が聞こえた。それ以後まったく説明がなかったが、このくらいがいい。わたしがたくさんの言葉を聞きたくないのは、自分がたくさんしゃべりたいからに他ならない。

*アンタレス
さそり座アルファ星。一等星。

とはいえ、わたしは夢の中では言語感覚で受け取ることが多い。引越しすると、この引越しした場所の特徴について説明が一通り続く。わたしの日食ボディは水瓶座26度の「ハイドロメーター」なので、何か圧力とか波動、雰囲気を感じると、それを言葉や数値に変換する本性を持っている。水瓶座は嗅覚なので、その意味では、気配、匂いを理論に変換したりする。

ずいぶん昔になるが、男性ばかりの研究会を主催していたことがあり、その時は暗闇の中で会議することを好んだ。目で見ていると、形は見えるが、それ以外の感覚が使いにくい。真っ暗にすると違う感覚が目覚めてくる。暗闇に慣れてくると、徐々に熱感とか、あるいはなんとなく触覚的実感、圧力感、匂いのようなもので感じるようになる。そのうち、思考感覚や言語感覚も機能しはじめる。すると「あのあたりに座っている男はこういうことを考えている」ということが伝わってくる。自我感覚は押し出すものなので、私が何か話した時に瞬間的に自我感覚で押し戻す、つまり反発しているということでわかる。誰かと会話している時に、相手が自分を受け入れはじめているという時は、急に相手の抵抗が消えて、相手の方向に倒れ掛かるような気分になる。牡羊座の自我感覚を引っ込めて、反対の天秤座感覚にシフトしたのだ。

乙女座は視覚で、この180度反対にあるものは魚座の味覚だ。たとえば、わたしは味覚音痴とか味覚障害のような傾向が自分にあると自覚しているが、それは毎日味が違うからだ。しかも目をつぶると、じゃがいもとゆで卵の区別がつかない。多くの人はおいしい食べ物を食している時に、目で見て楽しんでいるはずで、味覚は視覚のサポートがないと正体を失う。ズスマンは味覚とは一体化することであると説明している。舌の上に食物を乗せているとだんだんと溶けていく。成分の一部から肝臓に情報が送られ、肝臓は消化の準備をする。肝臓は気が早いので、まだ食べてもいない時から早々と働き始めるのだ。そのように食物は本来的に形を失うものだからこそ、ちゃんと味わうには形を確実に維持する乙女座の視覚の介在がなければならない。となるとわたしの味覚障害的傾向や味覚音痴とか、日によって味が違うというほうがむしろ正常かもしれない。ズスマンの言う一体化とは、形あるものに一体化することで形を偽装するということなのではあるまいか。

どの感覚も、つかんで離さないと身動きがとれなくなり、使えないものとなるか、人工的に手を加えられて歪な変形をする。わたしが毎日12時間音楽を聴いて、最後は頭痛以外残らないものとなるように、毎日味覚に凝ると、この本来の感覚がよくわからないものになるのではあるまいか。オーディオでもそうだが、スピーカーの自作に熱中すると泥沼にはまる。何がよい音なのかわからない。モーツァルト博士としても有名な*アルフレッド・トマティス博士は、聴覚には国民性の違いがあることを解明した。日本人は高い音が聞こえないから外国語の習得が遅いとされる。日本人は外国人が会話している時に高い音のニュアンスを聞き落とすし、いつも平坦な周波数で話すという。このように考えると、スピーカーを調整しようとしても、国で調整のバランスが違うことも考えたほうがいいのではあるまいか。楽器の場合にはあきらかにこの違いはあるように思う。日本のヴァイオリンの音と、イタリアのヴァイオリンの音は違う。感覚は自己同一化せず、手を離すと正常に働いてくれる。

## どん底から這い上がる

12サインの入り口は春分点であり、これは牡羊座の0度にあたる。この場所を使ってより上位の宇宙から、この12サインの輪の世界に入り込んでくるものがある。そこでここは支配星は冥王星になる。地球では、マリ共和国とか、ニジェー

*アルフレッド・トマティス
Alfred Tomatis。
1920～2001年。
フランスの耳鼻咽喉科医。聴覚・心理・発声改善法のトマティスメソッドの創始者。モーツァルトとグレゴリオ聖歌の持つ音楽療法の効果を検証したことでも知られる。

ル川近辺にあたるだろう。1番目の牡羊座で世界の中に入っていこうとする段階は、タロットカードでは、同じ［1］魔術師だ。それは部屋の中で机の上の玩具で子どものように遊んでいるが、まだ世界にはしっかり入りきっていない。そして世界のどん底、つまり狭い形ある世界の中での路地の行き止まりに到達したのは、7番目の天秤座のはじまりの秋分点だ。人はここで宇宙から追放されて、ひとり皮膚の牢獄の中に閉じ込められたことを知る。仲間はいない。しかし秋分点を折り返すと、反対の解放の方向に向かう。

人間の形に閉じ込められて宇宙から追放された人は、解放の方法として何を考えるだろうか。天秤座の30個のサビアンシンボルは閉じ込められた人が脱出を試みる30の手を示している。天秤座は他者と接触することも、人が集まる社会に参加することも考える。他者と接触したいというのは、閉じ込められた自分から解放されたいからだが、金属の皿を触って冷たいと感じる時も、自分以外を感じ取るという喜びを感じる。それは外に出る手がかりかもしれない。

触覚はこのように何か触ることで、自分以外のものを認識することでもある

が、同時に、自分が閉じ込められていることを再認識することでもある。立方体の真ん中にいると、世界があることを自覚しないが、壁に当たると確実に自分がこの立方体の中に閉じ込められていることを知る。7番目の天秤座は、［7］戦車のカードと似ているが、戦車は世界の中を駆け巡るので、わたしはこれをケージの中のハムスターと呼ぶが、あちこちの壁にぶつかり、それ以上は先に進めないことを知る。

しかし天秤座の支配星は金星で、これは感じる、楽しむ、受け入れるという性質なので、壁に当たるのを痛いと感じるよりも、触ると気持ちいいと感じることのほうが多い。真新しい布団に横たわると、布の感触が気持ちよく、背中にぞくぞくするような快感が走る。この快適さは気持ちも落ち着かせる。犬は撫でられるとオキシトシンが出るという。

Tさんが遭遇したハピネス軍団はいまのところ人の形をしており、しかもTさんの好みの姿になっていてくれる。人は乙女座の視覚によって動物系知覚の限られた世界に閉じ込められる。見ただけで二極化され、アントロポスが

世界造物主の世界の中に取り込まれたように、フェイズ4の領域に入り込む。Tさんはハピネス軍団を見たがゆえに、世界の底に向かう。そしてどん底の秋分点に到達すると、こんどは天秤座の触覚の感じるという作用によって、脱出方向に向かうのではないかと思われる。この〝感じるエンジン〟は、金星特有のものだ。ハピネス軍団は金星なので、両方の働きを持ち、男性が女性の姿をいつまでも見ようとすると、「そうでなくて」と言いながら、〝感じるエンジン〟のほうに切り替える。引き寄せるために視覚を喚起するが、その後は上昇方向に向かいたいのだ。

わたしたちは、触覚で感じとった輪郭は見た目と同一なものだと思っている。だが、それは常に休みなく確認しているからそう感じるのであり、視覚で確認することをやめてしまうと、触覚は身体のサイズから逸脱する。たとえば、目をつぶったまま1時間、2時間とじっとしていると、身体の輪郭は拡大し、触覚としかいえないような感覚で部屋の壁を感じたりする。車の運転に慣れている人は、車体の内部いっぱいに自分の感覚が広がっている。だから猫のひげを持っているかのように狭い場所でも迷うことなく前進する。

わたしたちが身体に、鉱物や金属という振動密度が低く、物質密度の高い成分を持っていることが、この触覚が身体以上に拡大することを防いでいるのだと思われる。鉱物は死んだ成分だといわれており、感覚が増減しない性質を持つ。金属は電気が流れる。この電気は感電するとわかるように感じる要素とも言える。電気感覚は身体の輪郭に沿って、その内部で走っており、触覚をよりはっきりさせていると思われる。

乙女座の視覚と天秤座の触覚は、秋分点をはさんで互いに確かめ合っているが、天秤座が乙女座から離れると宣言をしたら、天秤座は〝感じるエンジン〟を最大限に高めようとするだろう。その次には蠍座の生命感覚があり、充実した気分をもっと濃密にしていこうとする。

売れる映画を作りたいと思うハリウッドのプロデューサーは、安易に肌の露出の多い女優を登場させる。すると、男性はその女性に目線が釘付けになり、想像の中ではその女性に触れたい、そして気持ちいい感じになりたいと思っている。でも、乙女座と天秤座の綱の引っ張り合いがあり、目で見て形に閉じ込められている時には、感じる機能はそこそこ抑えられたままだ。感じる機能が拡大すると、目で見た形にこだわっていられない。目で見た形は感じることを抑制しているので、どちらかを選ぶこととなる。見ることを選んだ人は秋分点の路地の奥にとどまり、感じることを選んだ人は、そこから形のない領域へ向かう。いったいどちらにしたいか、はっきりと決めておいたほうがいい。

天秤座のサビアンシンボルには、「衝撃的に傷つける」という内容のものもある。動物系知覚の皮膚を破って植物系知覚の内臓をその下からむき出しにするのが、天秤座の16度で、地震で都市が壊れ、火山が噴火するというようなイメージだ。東日本大震災の時には、地表を示す土星がこの度数だった。乙女座のほうでも数え度数の16度には、視覚の輪郭を壊すような表現のシンボルがあり、どうやら16度は皮を破ってしまうという性質があるようだ。しかし乙女座では、この植物系知覚は影として登場する。天秤座では裏側の影ではなく、はっきりと正面から皮を破る。秋分点を境にして乙女座

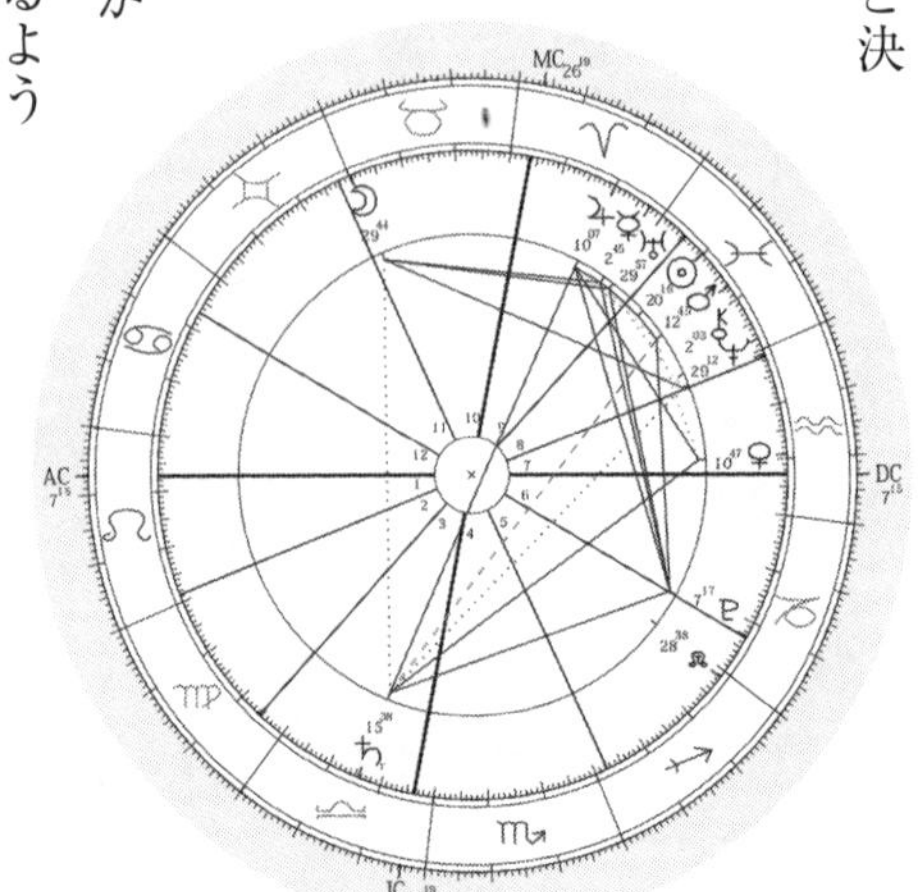

と天秤座では進行方向が反対なので裏表が逆転する。

衝撃的に傷つけるような事態になった時には、苦痛ばかりで金星の快感エンジンは働かないのではないかと思われるかもしれないが、感じる作用が物質的輪郭に閉じ込められている場合には、それはほどほどしか働かない。感じる作用をもっと大きく広げたい時には、この物質の輪郭という牢獄を打破することになるので、そこで快感は爆発的に広がると見るのがよいだろう。むしろ乙女座の視覚というところではそれは痛ましいものだが、天秤座の触覚という点からすると、それは開放的なものだ。

ヴィーナス・トランシットを示す七面観音は、女性の姿から紅龍に変化するというシェイプシフターだが、これは女性の形という位相から筒に近い形に変化していくことを示しており、ずっと女性の形にとどまってはいない。もしも女性の形にとどまっているとしたら、肝心のシェイプシフターの役割を果たさないまま乙女座にとどまることになる。わたしが会ったエビ星人は一度も人の形をしていなかったので、シェイプシフターをする気はなく、7のロゴスを忘れるんじゃないよという意図だけでやってきた。しかも楽しもうと言っているので、乙女座抜きの天秤座作用だ。

## 12区画のらせん円環

乙女座の視覚と魚座の味覚の助け合いということで考えた時、ハピネス軍団の女性の形は乙女座の感覚の側面となる。だが、魚座の味覚の、形に一体化しないとどんどん形がなくなっていき、それ自身だと輪郭が溶けて雲か霧のようになってしまうという方向に強く押し出すと、ハピネス軍団も魚座を投錨地と想定した天秤座となり、女性の姿を失って紅龍に化ける。触覚の天秤座の反対側には牡羊座の自我感覚がある。これは外に押し出す感覚で、誰かに失礼なことを言い、相手がむっとして反発したら、相手が自我感覚を押し出してきたということだ。「それは違う。それは受け付けない。わたしはこう主張する。おまえなんかどっか行け」——天秤座は支配星が金星なので、このように押し出されても反発せず、むしろ押し出されて気持ちいいと感じることになる。自分の触覚の境界線よりも内側に押し出されたことを楽しむことにもなるが、牡羊座は世界の中に入りたいという出発点なので、それに呼応する天秤座は、受け止める触覚として、むしろ乙女座の視覚的な輪郭の内部におとなしくおさまろうとする。

特定の振動密度の意識には、それにふさわしい12サインの記憶領域が腰巻のように取り巻いていると説明してきたが、このように考えてみると、この12区画の円環はらせんのようになっていて、牡羊座と魚座の間の春分点は、世界の出入口になり、異なるフェイズに入りこむ扉ともなっていることになる。

七面観音は、女性の姿というところでは天秤座と乙女座の間にいて、魚座に移行した段階で輪郭が異なるものに変化し、さらに春分点からこの宇宙の外に出て行くことも可能だ。その場合のエネルギーはヴィーナス・トランシットが提供する。魚座はそもそも水・柔軟サインで、支配星は海王星であり、境界線のはっきりしない霧や雲を象徴とするので、女性が龍になったとか、女性が雲に化けたとか、霧のようにドットマンになったなどを考えるとよい。わたしはある時、エジプト人の姿をした男が、途中からだんだんとドットの集まりになり、やがてふっと消えるのを見た。これはアルコールを飲んでいた時に見たのだったが、アルコールは海王星の象徴のひとつでもある。ズスマンは、魚座についての説明で、魚は舌そのものの形であるというが、龍も舌が巨大化したものの ように にも見えなくはない。筋肉はたいてい両側で支えられて働くが、舌は片方が開放されているという特殊な筋肉で、それはいまここにないものに届こうとしているのだ。

七面観音の龍はどのフェイズを暗示しているのか。メンタル界ではこれは意味や概念、ロゴスであり、筒としての意味に満たされている。次にアストラル体では、これは龍のような動物のイメージに変化する。さらにエーテル体では、エネルギーの流れ、たとえばらせん回転をしながら、それがより大きな円となるような形になる。いずれにしても、七面観音のシェイプシフターは、人の形から龍あるいは筒に変化することで次元通路の役割を果たし、フェイズ4にとどまりたい人は、この世界の平和の維持のために、お気に入りの女性が龍に化けることを好まない。カフカの『変身』のように、ある朝目覚めると毒虫になっていたというのは、フェイズ3への移行願望だとも言えるし、これはフェイズ4の好み、つまり欲望を捨てたということでもある。

## アンドロメダ姫の神話

アンドロメダ姫の神話を考えてみよう。王妃カシオペアは「アンドロメダの美しさには海のニンフもかなわない」とうっかり口にしてしまう。海のニンフは海神ポセイドンの孫娘であるので、怒ったポセイドンは海獣ケートスを放った。ケートスは鎖で岩場につながれたアンドロメダを食べようとする。そこをペルセウスが救済し、後にアンドロメダと結婚する。

岩に鎖でつながれているというのは世界のどん底である秋分点の位置であることを意味し、アンドロメダ姫は視覚対象の極にあるのでもっとも美しい。ポセイドンは海の神様で、これは海王星のことでもあり、魚座に関係する。アンドロメダを形のないところに引きずり込もうとしていた矢先、通りすがりのペルセウスが割って入り、アンドロメ

Gustave Moreau "Perseus and Andromeda"

ダ姫を助けて、後に結婚して、すなわち男と女という形の領域、フェイズ4の世界にとどまった。

わたしは2015年ごろ、スカイプを通じてフィリピンの教師から英語を学んでいた。2016年にマニラに旅行したが、わたしがマニラに到着する前の日にこの教師は自殺した。この教師に会うつもりで旅行したわけではなく、この教師のことも忘れており、しかもその時は違う教師と契約していたので、マニラでは毎日この新しい教師とスタバで5時間ほど英語で会話をしていた。というのもこの自殺したほうの教師は興奮すると早口になり、聞き取れなくなるので先生向きではないと思ったのだ。

わたしは自殺した教師とはスカイプでしか会ったことはないのだが、マニラの四つ星ホテルでは、この自殺した教師が毎晩ベッドのわきにやって来た。帰国する前夜には、教師はわたしのベッドを激しく揺すぶり、わたしは寝ようとするたびに起こされ、しかも左手を噛むので痛みに目が覚めてしまう。痛みとは分離意識であり、下の次元に落ちることだ。左手は援助を意味するので、下界での援助をしてほしいというメッセージだ。このしつこいおねだりに参って

▶古代ギリシャの壺に描かれた怪獣ケートス（左）、ペルセウス（中央）、アンドロメダ（右）。

しまい、「金なら出さない。そのかわりに、プライスレスのものをあげよう」と言った。お金を要求していたのは、教師が貧しく、モルグに放置されていた死体が埋葬できないからだった。英語の勉強の時には料金はペイパルで払っていたので、ペイパルを通じて送金すれば、自殺した教師の娘がそのアカウントでお金を受け取り、親を埋葬するだろう。

わたしはお金を要求するのはあつかましいと言った。そのかわりプライスレス処置として教師の頭に筒を刺し、そのころはヘミシンクをする習慣がまだあったので、フォーカス27につないだ。これで浮かばれない霊は成仏する。「お金を出すより、そのほうがはるかにいいのでは?」と話した。1年ほどしたころ、その教師が水の底のサンショウウオみたいな姿に化けているのを見た。わたしは「でもまあ通路はあるので、気が済むまでサンショウウオしなさい」と言った。女性教師はもう死者だったので、この変容はわりに早い。しかし目で見て確認できる肉体を持っていて生きている間は、このような変容はできないだろう。

わたしはTさんに、このハピネス軍団は「どこかに物理的に出現する可能性はある」と言ったので、彼は喜んでいた。本来、彼らは地球次元には降りてこないはずだが、ときどき例外的措置があり、フェイズ4に受肉することがある。ごく稀な話ではあるが。

インドの神様は地上に降りてくる。しかし本来地上に降りて来ると弊害が出やすい。フェイズ4の人々は怠けてしまい、そこから自力で上がってこようとしないのだ。「用がある時はお前が来い」という根性はいただけない。神様に地上に来てほしいという主張は、反対にいえば、自分がこの地上から彼岸に渡る通路がないと主張していることであり、この彼岸と現世を自由に行き来する人は、むしろ地球次元にやってくる金星人を迷惑だと感じたりすることが多い。

## 軍服姿のアンドロメダ人

わたしの連絡役になっている軍服姿のアンドロメダ人は、一度だけ大塚で人間の形になったことがある。おしゃれなベージュのコートに身を包み、当時、東京・大塚にあったドミノ館ビルの岩のように固いコンクリート壁にもたれかかり、新聞を読んでいるふりをしていた。わたしが20メートル先から見ている ことに気がつくと、うなずいてそのまま去っていった。その時わたしは顔を覚えたので、以後はヘミシンクや夢でその存在を見ると、ほかの生命体と見間違うことはないし、何を言いたいのかもいつもはっきりとわかる。わりと頻繁に怒るが、牡羊座の自我感覚を利用して、わたしに何か強く伝えてくるのだ。わたしが双子座の言語感覚で受け止めると、それは言葉の羅列に変わるが、わたしが「ちょっとうるさい」というと、この説明は打ち切りになる。わたしは牡牛座の思考感覚で受け止めることが好きなので、クロネコヤマトの宅配便のようにアーカイブの荷物を1回投げ込まれるだけで連絡は終わる。わたしはそれを朝とか次の日とかにゆっくりと解いて言葉に変換する。

　軍服姿のアンドロメダ人は、わたしの連絡役であるということで、クラスターの中でもっとも物質に近づくことができ、そこには特有のリスクがある。しかしもっともリスクを負っているのはこの世界に生まれてきたわたしだ。非物質的世界に住んでいる宇宙人は地球に近づいてきた時に、地球の物質素材を身にまとい、その周囲にさらに重いものを背負い込む。H*192の空気、H386の水、H768の木、H1536の鉱物、H3072の金属とまとっていくのだが、どんな物質も宇宙のすべての成分を含有しているという点では、空気や

*H　グルジェフの用語である水素番号の記号。Hに続く数字が水素番号になるわけだが、069ページで説明している振動密度における法則の番号と同じものである。

水の中にもこれらが含まれており、空気や水からそれらを引き寄せていく。日蓮の会った七面観音も、一滴の水を使った。宇宙船は金属まで含むと、やっとナットとボルトでできた円盤になれる。つまり宇宙人が地球次元にやってくる時、たとえば宇宙飛行艇の円盤の成分は地球上で調達して、空気で足りないと雨とか雲などから円盤が作られていくということになる。その成分は、宇宙空間には持っていけず、去るときには脱ぎ捨てたパジャマのように空中に残され、しだいに分解する。わたしはこの分解過程を見たことがあるが、やはりドットになり、やがてふっと消えていくのだが、時に瞬間的に消えることもある。

最近宇宙船を見た時、それはわたしの頭上に近かった。わたしは彼らに声が届くように「近い」と言った。つまり物質次元にかなり接近しているということは、しだいに船体が重く動きが鈍くなっているのだ。限度の領域はあると思う。それよりも近づくと墜落する可能性はある。このようにどんな物質からでも必要なものを引き出してしまう技術はタロットカードの「20」審判であり、ラッパを吹くと死者も蘇るのだが、思念がどんなものも引き寄せるので、ぼんや

り不注意に生きていくことはできない。

わたしの例に限らず、神話からすると、宇宙人の連絡役は必ずアンドロメダでなければならないのかもしれない。それは地球に近づき、岩と鎖を手に入れて自分の身体をぐるぐる巻きにして、この地球で見えるようにしていくか、あるいは必要がないなら途中で止める。わたしの連絡役のアンドロメダ人はいまでは物質次元に接近する必要がないので降りてこない。ベースのステーションから複数の存在がやってくるようになった今では、連絡の必要がないのだ。物質次元に接近するというチャレンジが必要な時にはまた出番がやって来るだろう。もともとアンドロメダのいくつかの恒星は「飛翔する、すばやく移動する」という性質をあらわすことが多く、女性の宇宙飛行士を象徴することもあるが、どこかにじっととどまる性質ではない。振動密度を増やしたり減らしたりしてあちこちに飛ぶが、減速しすぎると墜落する。

## 久米の仙人

男性ばかりの研究会をしていた時、一番年寄りのメンバーが久米の仙人のことをよく話していた。奈良県橿原市の久米寺の縁起では、久米の仙人はたびたび飛行術を行っていたのだが、久米川の辺で洗濯をしていた若い女性の白い脛を見て墜落した。仙人はその女性を妻とし、その後俗人として働いていたのだが、修行の後にあらためて神通力を取り戻したという話だ。脛とはスネとも言い、ひざからくるぶしまでの部位を示す。久米の仙人の話はほとんどペルセウス・アンドロメダ神話と同型だ。どちらも、通りすがりにちらっと見た結果転落するのだ。久米の仙人の話では、女性は水辺にはいても岩に鎖でつながれていないではないかと言われそうだが、フェイズ4とはアストラル体が鉱物と金属を身にまとっていることなので、すなわち岩に鎖でつながれていることだ。シュタイナーは物質界は鉱物を借りているというが、細かく言えば、金属も借りており、岩に鎖でぐるぐる巻きにされているのは、つまり岩よりも鎖のほうが振動密度が一段低いということだ。

わたしが体験したQHHTセッションでは、まず誘導文言として「雲の上に上がってください」と言われる。この場合、多くの人はきんとん雲に乗る孫悟空のようなイメージを思い描くかもしれないが、わたしの場合には雲に乗るというよりは染み込んでしまい、地球を取り巻くすべての雲に広がってしまった。その後、ヒプノセラピーと同じく、興味のある時代や世界に入ってくださいと言われるが、わたしは地上に降りることができなかった。プロレスラーは白身卵ばかりを食べてプールの水の底に沈む身体を作るのだというが、となるとわたしはたんぱく質が足りなかったのかもしれない。久米の仙人ならば地上に落下する錘(おもり)として女性の脛を採用する。わたしのQHHT体験では、地球を取り巻く雲のすべてに拡散したので、フェイズ3の比率が高くなりすぎ、フェイズ4に降りる錘がなくなってしまったのだ(余談だが、セラピストは、セッションの後でわたしに歌舞伎揚げを持ってきてくれたが、歌舞伎揚げは油がよくないので地上に降りる錘には使いたくない)。

異性関係は人間を二極化するので、安定してフェイズ4に入り込むことができる。久米の仙人は雲上人だったが、彼にとって一番のお気に入りの女性と結婚して世俗に入った。タロットカードで言うと、［5］法皇の次は［6］恋人である。全惑星意識を8の数字のものとすると、法皇は5なので、残りの足りないものは3であり、これは法皇のカードの下にいる信者とか枢機卿で表現される。法皇は雲の上の人で、その教えを伝達する人々が信者であり、彼らは法皇を神輿に担いで運搬する。しかし法皇は何か足りないと感じる。5は獅子座の熱感覚でもあり、彼は人の話を聞かず熱くてうっとうしい男で、信者の側の心が理解できない。何か世界に十分に入りきっていないと感じる。この不満感というか、世界に対する好奇心をわずかでも抱くと、彼はたちまち転落する。そして［6］恋人のカードの段階に至るが、これは無秩序の世界だ。6は2が足りない。世俗的な生活では、相対的な2の数字が支配しており、さまざまな人の考えがあり、何ひとつ結論はつかず、なにかしようとすると必ず対立勢力が登場する。転落した久米の仙人はここで稼ぎを得るために、材木を運ぶ人足をし、つまりは雲上人からすると想像もできないくらいの底辺生活をしたのだ。

## 自分の失われた半身

フェイズ4では、人はみな男女のどちらかに分かれて行く。しかし胎児の段階では、そもそも男性も女性も両方を持っており、つまりは両性具有だ。子どものころは「一ツ目」に相当する松果腺が機能しているが、やがて男女に分化する段階で、石灰成分で埋め尽くされて松果腺は封印され、脳下垂体に役割が交代する。すると思春期に、男性は男性らしく、女性は女性らしくなる。

年寄りになると現世から去る準備もするので、幼児のころと同じようになり、自分の中の異性成分を取り戻して、両性具有になろうとする。つまり大人では、働き盛りで社会の中でもっとも活動的になる時が、男女がはっきりとわかれている状態だ。それでもずっと男性はその裏に女性を持ち、女性はその裏に男性を持っている。身体組織で反対の性をあらわす器官を目覚めさせようとしたいのならいつでもできる。フェイズ3以上の領域にはそもそも男女というものがなく、男女はフェイズ4においてのオリジナル形態であり、フェイズ3を二極化したらフェイズ4ができる。

地上では、フェイズ3とフェイズ4の境界領域の場所で分割した自分の失われた半身に似た異性を求めて行くが、しかしそれは自分の半身ではない。その勘違いによる組み合わせ、つまり差成分が子どもを作る。太陽の外側、冥王星の外側のものにアクセスするために、強い衝動の勢いを借りて一瞬の気絶を作り出し、この暗転の空白の中で分身を太陽系内に持ち込むのが、子どもを生むこと、あるいはトゥルパ作りである。このためには自身の失われた半身と似ているが、違う異性と結合し、思っていたのと違ったというシチュエーションで子どもを呼び出す。フェイズ4では子孫を作り出さなくてはならず、そうでないと国は滅びてしまうので、この複雑な仕組みは有効性を持ち続ける。

正しくフェイズ3に入ると、多くの人は、夢の中で自分が反対の性の存在になったこともよく見るはずだ。ただしこれは終盤の段階でかもしれない。まだずっとフェイズ4で生きていきたい時には、この自分の半身は巧妙に隠される。おそらくそれはフェイズ4とフェイズ3の間のどこかの岩場に身を潜めている。もしもひょっこり出てきたのなら、フェイズ4の存在がフェイズ3に召喚されている段階に来た合図ではないか。とはいえフェイズ3の分身とは会話ができない。それは自分そのものなので会話をすれば単なる独り言だ。

## 人肌を持つ狐

ある朝、自分よりも大きな狐がわたしに添い寝しているのを見た。いつのころか判然としないが、おそらくは1970年代か80年代かもしれない。それは人と狐の合体した存在で、ある種の湿度感があり、この湿度感は、わたしに恭順するというべたつき感だったと思う。夢に動物が出てくると、だいたいいつも焦げ臭い匂いがする。外で遊んできた子どもは生臭いにおいがするが、動物は毛が焦げたような匂いがする。

狐は命婦(みょうぶ)*とかダキニ*でもあり、カモワン版タロットカードでは、肌色部分は肉欲が残っている部分で、［9］隠者のカードでも、コートの裏側には肌色がある。といっても、この肌色を肉欲と考えてしまうのはホドロフスキーであり、それはホドロフスキーが肉欲にこだわる人だからだ。

狐にはたくさんの階級がある。こっくり（狐狗狸）さんというのは、狐、狸、天狗などの配合で、これはそもそもは飯縄(いづな)*信仰に関係するもので、蛇が巻きつ

*命婦
稲荷の神の使いである狐。

*ダキニ
ダーキニーとも。ヒンドゥー教や仏教の神。日本では荼枳尼天（だきにてん）として、稲荷信仰において白狐に乗る天女として表現される。

いた白狐に乗った烏天狗などで表現され、戦勝の神として武田信玄、足利義満、上杉謙信などが信仰した。上杉謙信の兜には飯縄権現(いづなごんげん)が描かれている。この狐は、物質的効果を持たなくてはならないので、可能な限り、下層階級の狐が好まれる。

わたしの昔の夢では狐は空気のなかに敷き詰められている。これはエーテル網の空白に埋め尽くされたアストラル体を象徴化するものだが、これが人の世界に近づくと、狐と女性のまだら模様になっていくと思われる。七面観音は、能の『竹生島女体(ちくぶしまにょたい)』のように、人が龍に変容するが、わたしの見た狐は女性と狐の間にあるバロット*のようなもので、12サインのサビアンシンボルには、魚座の14度「キツネ皮をまとった女性」というものがある。この度数を持つ人は、男女限らず、確かになにかしら湿度感がある。キツネと人の攪拌は中途半端なので、狐の部分は破れた毛皮の衣服のようで、あちこちから人の皮膚が出ていたのだが、細かくは見ていなかった。細かく見ていれば、どういう領域でシェイプシフターをするのかは判明したはずだ。

人は人、神界は神界と截然と分離すると、ここでは通路ができない。そのた

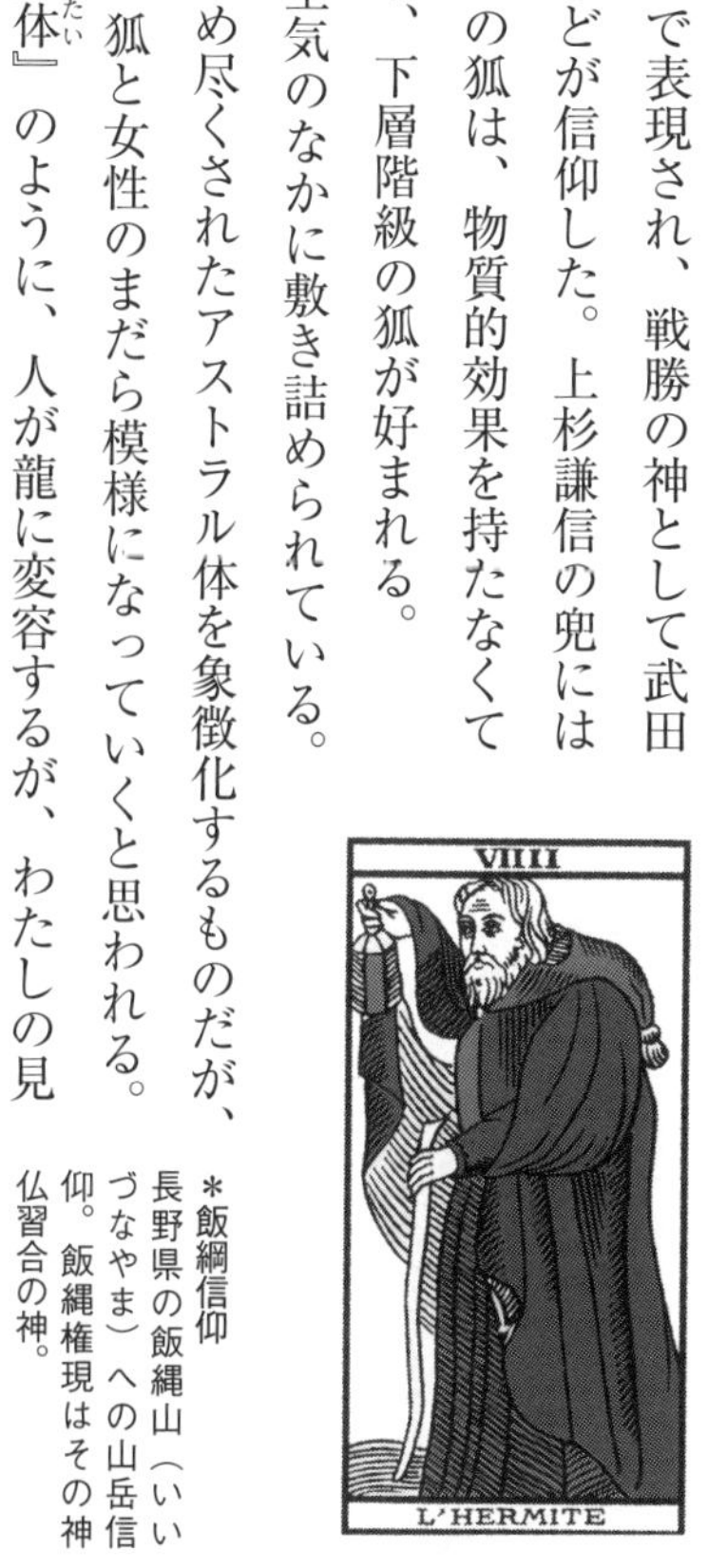


*飯綱信仰
長野県の飯縄山(いいづなやま)への山岳信仰。飯縄権現はその神仏習合の神。

*バロット
フィリピンなどで食される、孵化直前のアヒルの卵を茹でたもの。

め、このふたつを混ぜたような怪しい姿の存在がやってくるのが正しいルーチンと言えるのだが、時間展開にするか、それとも空間展開にするかはそのときに応じて選ばれる。半人半獣はシリウスのお家芸だ。シリウスは解脱、解放という役割で、動物の形を頻繁に利用する。海から上がる半魚人などもそうだ。わたしは子どものころ山口県の下松市に住んでいた。下松という名は、百済滅亡後、百済人が日本に大挙して亡命し、百済人が拓いた港として、百済津が転化したものという説がある。百済人は亡命した時、九尾の狐を持ってきたのだという。わたしの夢に出てきたわたしよりも身長の大きな半人半狐は、あきらかに金毛九尾の狐なのだが、九尾ならば7つの七面観音やエビ星人、七色仮面とナーギニーとは別セクトだ。わたしが子どものころテレビで見ていた月光仮面は、胸がうずくほど魅力があり、この神秘的な感覚に夢中になったが、月からやってくる救済者は応身のことをあらわしており、月光仮面に夢中になった子どもたちはみんな応身になりたいと願ったはずなのだが、それは金星関係ではない。

自著『分身トゥルパをつくって次元を超える』で、わたしはイマジナリーフレンドとしてのトゥルパを作ってもさほど意味がないと書いた。というのも人の形を持っていて、人の欲望を刺激し、その人をフェイズ4に閉じ込めてしまう効果がより高まるからだ。ずっと形を持っているならトゥルパの存在理由もない。しかし形が溶けていくのならば、立方体の箱から出ることができる通路となるが、そのためにはこのトゥルパの作り主が、形に対する執着心をなくして、形がなくなることを許さなくてはならない。これはフェイズ3の力が、フェイズ4にオーバーライトする作用をもたらす。久米の仙人が転落した後に結婚した女性は、ずっと人の形のままなので、これは久米の仙人を雲上人には戻さない。もしその女性がシェイプシフターで、見ていないところで鶴に化けたりする存在ならば、彼女は与ひょう*をデネヴに戻す通路になる。じっと見ていると彼女は鶴に戻れない。

かぐや姫にしても、夕鶴にしても、浦島太郎にしても、お誘いがありつつフェ

*与ひょう
木下順二の戯曲『夕鶴』の登場人物。罠にかかり苦しんでいた一羽の鶴を助けたのが、このつうという名の女性になって与ひょうの元を訪れ、「女房にしてください」と言う……。

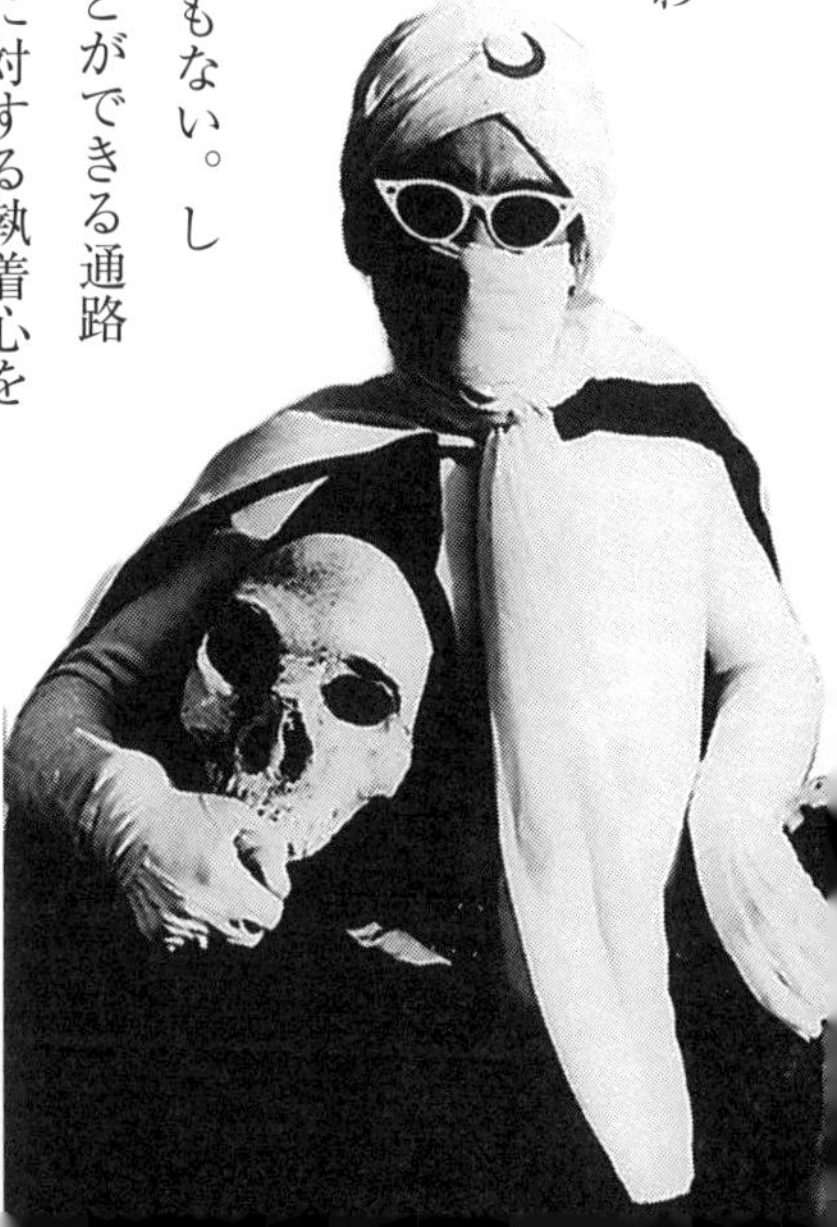

▶月光仮面。

イズ3に行けない人々を描いている理由は、誘惑に乗ってフェイズ4から去ってはならないという現世価値を強調した教育物語なのだろうか。しかし、たいていは疲れ、失望するという結果を描いているし、それぞれが暗号として、フェイズ3に向かうための方法論を話の中に刷り込んでいるので、これは暗号通信文なのかもしれない。

## 恒星探索で人の形、都市を見ることはできない

２０１７年までの何年かは、わたしは参加者を集めて恒星探索講座をしていた。それは連合から、恒星へ案内したり紹介したりする仕事をしてほしいという依頼を受けたからだ。依頼を受けたのは２０１４年か２０１５年か、あまりよく覚えていない。わたしの記憶では、地球上でこの依頼を受けたのは31～35人くらいだろう。アメリカのモンロー研究所*では、「スターラインズ」という名前の宇宙探索をしてゆくプログラムがあり、最後には参加者は銀河大使のような役割もするらしい。ネットしか見ていないのでくわしいことはわからない。こうした仕事もわたしが連合から受けた依頼と似ていると言えるので、モン

＊モンロー研究所
ヘミシンクを開発したロバート・モンローが設立した研究所。アメリカのバージニア州にある。

ロー研究所を30数人のうちのひとりとカウントするとよいのではないか。そもそもこの人数は、肉体を持つ個体の人数ではない。連合は地球上においての個人という個体を認識できていない。

2018年になると、わたしが大腿骨を壊して外に出かけることができなくなったので、この恒星探索講座はしなくなった。案内役を依頼された時にも、単純に案内だけでなく途中から違うことをするのはわかっていたので折込済みかもしれない。フェイズ4での人との関わりが少なくなっていくにつれて、フェイズ3のレベルでの交流が増加し、それがわりに忙しいという感じもある。占星術のサインで言うと、水瓶座は物質世界から離脱するサインで、5度に「先祖委員会」というサビアンシンボルがあるが、これは自分のクラスターとの交流が再生することをあらわしており、これが増えるつど、フェイズ4での交流は減少する。加えて恒星と関わると、地上とうまくつながらなくなる。その反対に地上とつながると、こんどは恒星に届かない。どちらも寸足らずだ。タロットカードでは、[17]星のカードで女性は恒星との結びつきを持つが、結果と

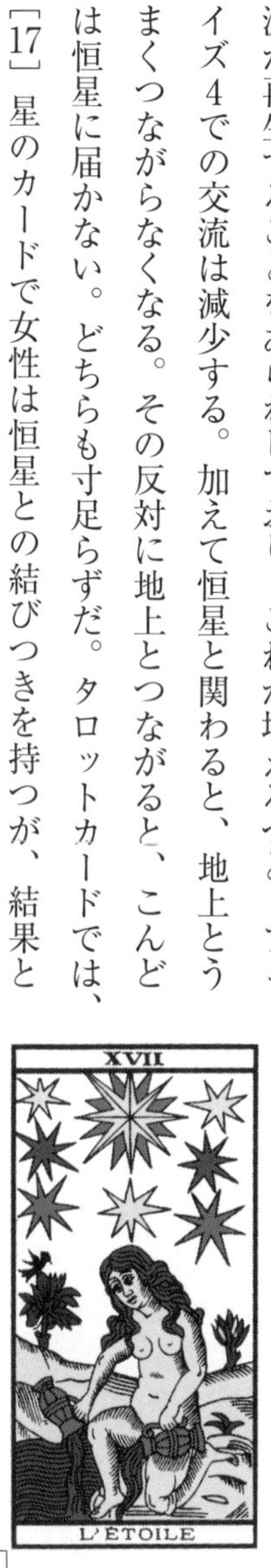

して地上に降りることができなくなり、水の上に置かれたスノコに座っている。これはチャクラでいうと、下から二番目のスワディスタナ・チャクラ、すなわち水のチャクラで、エーテル体を示しており、そこまでしか降りることができなくなるのだ。

といってもそれはあまり問題となるように思えない。確かに地上生活での細かいことに熱中はできなくなり、常にすべてを俯瞰しているような立場になり、扱う相手も個人ではなく集団というふうになってくるが、これはこれで慣れてくればその人なりの日常生活というものになる。集団は全惑星意識をあらわし、個人は惑星意識をあらわすので、たぶん対個人の関係維持が困難になる。たとえば主婦で子育てに忙しいなどでは、個人をケアするので、この恒星探索の仕事はしづらくはなるだろう。

恒星探索講座ではバイノーラルビートを使い、シータ波の脳波の状態になってどこかの恒星に飛んでいくということをする。何十人かで集団探索をして戻ってきたら、数人ごとの班になってもらい、互いに体験をシェアする。この時に、たいていの人のイメージでは、その星に人がいたり、都市があったり、シリウスなどでは駅があって、大量に人が通勤している姿を見たりする。

これらの体験はあまり真実ではない。そもそもフェイズ1の恒星は、グルジェフの言う法則6の領域で、ここに人は存在しない。法則やロゴスが形になった姿しかない。理念が人体だと言える。わたしが見たアルシオン生命体はクラインの壺型だが、この意味は、自分の腹の中に世界を作り出すということだ。達磨大師は腹の中に陽神を作ったが、これも似ている。異なるリアリティを作り出し、簡単に戻らないようにつなぎ目を捻るか、迷路を作る。アルシオンの幻想をリアル化する技術こそ、世界造物主そのものの技だ。アントロポスは神のそばにいたのに造物主が作った世界に関心を抱いた。直後に彼はアルシオンの腹の中に入ったのだ。

このアルシオンのように、フェイズ1領域では人や道路や都市はない。歩く人がいたり、生き物がいたり、都市があるというのは、時間の経過があり、空間的な差異があり、そこに動物系知覚という限定のあげくに生き物の個体が発生することであり、これは一方的に回転する惑星の上でないと成り立たない。恒星は永遠性であり、そこに生き物は発生できない。だが、その周囲にある惑星ならば、そこには生き物は成立しうるが、ここの太陽系のようなモデルはなく、どこかが違うので、かなり奇妙な形態になり、それを理解するにはとても時間がかかるだろう。

## 存在の重心

恒星探索をして、そこに生き物を発見する人は、自分のフェイズ4の記憶領域に、フェイズ1を塗り重ねたと言える。植物系知覚においては空間的な差異は存在しないので、どんな恒星も、いまここに重なる。つまり植物は枝葉を伸ばしてあちこちに広がるが、同じ型を見つけ出すとそれらを同じとみなし、どんなに遠くにあるものでもすべてここにあると判断するのだ。同じ型のものは重ねられるとレイヤーのようになる。

この上書きの比率は人によってかなり違う。わたしたちは、宇宙のすべての要素を兼ね備えている。神から六価クロムに至るまですべてを持っている。だが、人によって、あるいは存在によって、この含有率がみな違う。また自分の中に少しでも持っているものは、外から同じものを取り込むことができて、そこを太らせることができる。しかし自分の中にないもの、つまり比率が少なすぎるものは引き寄せられない。インドに旅行した時、わたしは朝のインドの空気に感動した。というのもインドの空気には、フェイズ2、H12の成分が多い。インドには神がいるという気配なのだ。しかし同時にPM2・5も大量に含まれていたが。人によって、このフェイズ2成分をいっぱい吸い込むだろうが、中には取りこぼす人もいる。それは自分の中にこの要素がないか、ひどく少ないからだ。神を吸い込みたい人は、もれなくPM2・5もついてくるのがインドの特徴だ。

それともうひとつ、存在の重心というのはこれはまた違う話だ。これは生き物がどの振動を重心にして生きているかということであり、言い換えると、それは自我のセンターだ。たとえば、知性も感情もあらゆるものは脳が中心になっていて、脳に自我があり、死ぬとすべて消えると考えている人は、フェイズ4に存在の重心がある。すると、この重心にふさわしい情報（質量）が引き寄せられ、なにを見ても何を考えても、それにふさわしい情報しか存在しないように見える。どこにもそれ以外の世界があることを証明するものが見つからない。

いまのところ、地球人類は、このH48の重心で生きている。だから人が見える。もしフェイズ3の成分が増えてきて、そしてここに重心を移してもかまわないという準備ができると、人はフェイズ3の溢れんばかりの情報を受け取り、まわりを見回してもそればかりになる。成分の比率と重心は別の話なので、フェイズ4に重心がありつつ、フェイズ3の情報を大量に受け取る人はいる。これはやがてはフェイズ3に移動する準備をしている人々で、フェイズ4に首の皮一枚でつながっていて、フェイズ4の維持にたいへん神経を使っている。

## ウェイクアップ・プログラム

グルジェフは、『生きとし生けるものの図表』で、何に食べられるか、重心は何か、何を食べているかという三つの層を表記した。いまのところ、地球上に住む人類は、H12に食べられ、H48を重心にして、H192を食べている。これは分類上は脊椎動物だ。図では、人間の分類のところには、H6に食べられ、H24の重心で、H96を食べている配置が掲載されているが、これは人間のあるべき姿を示していて、現状の人間のことを示しているわけではいない。

食べられているというのは、その腹の中にいるという意味で、哺乳動物的人間——わたしが言う神の子羊は、二極化された太陽H12が支配するファームの中にいる。本来あるべき人間としてアントロポスは、どこかの恒星H6に所属し、二極化した太陽の支配に従わないが、それでも太陽系の中に住んでいるので、二重的生活を送っている。

いまのところ、人類の中でこの比率は3パーセント程度。この比率が減ると地球環境が危なくなるので、ドロレス・キャノンが言うように、宇宙からボランティアが送られる。どこかの恒星に所属し、たいていは連合のメンバーであり、受肉して身体

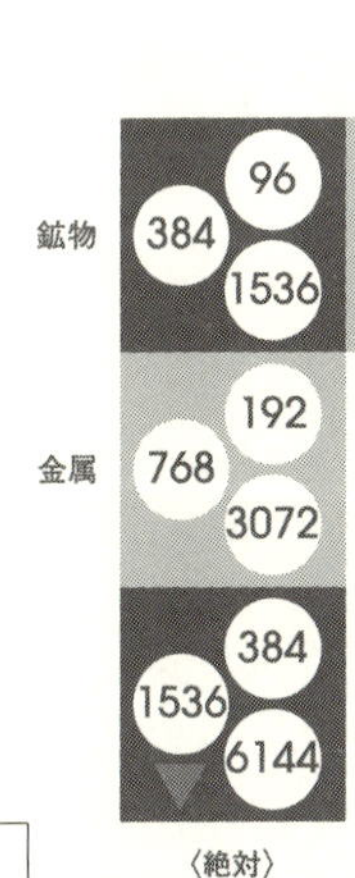


生きとし生けるものの図表

はフェイズ4になる。このフェイズ4に入ると、フェイズ4にふさわしい記憶に取り巻かれ、もともとの記憶を失うので、彼らはサポートを必要とする。自力で目覚める人はいない。なぜなら、彼らはフェイズ4の地球のことをまったく知らない。この特殊事情は生まれてきてはじめて知ることになり、たいていはちょっと頭がおかしくなる。使い方を知らない機械を操縦しているようなものだ。彼らは政治運動などをするわけでなく、より高次な振動を地球内部から発散して、それによって空気を変えていくというだけのことをしている。正確に言い直すと、空気の中にある感情を浄化する。

わたしが生まれる直前、黒い軍服の案内役がわたしを運び、「ここから先はわたしは一緒に行けないので、自力でお願いします」と言って、わたしを崖から突き落とした。その時には黒い軍服だと思っていたが、はじめてヘミシンクを体験したときに登場した存在の軍服は灰色だった。これが例のアンドロメダ人だ。この案内役のほか数人がサポートをする役割なので、要所要所で石を投げ込んでくる。たいていそれはちょっとした謎になって、脳はそれに興味を持ち、解決がつくまで、ずっと演算をし続ける。つまり何かしら日常の意識に対して、切れ目を入れてしまうと、脳は傷口を塞ごうとして、ずっとそれにうまい説明をつけようと努力するのだ。そのうちに、だんだんと真相にたどり着く。人生のあちこちに、こういう小石を投げておくと、それらがウェイクアップ・プログラムとして機能する。

フェイズ4に重心がありながらフェイズ3の含有率が増えていくとは、ウェイクアップ・プログラムがうまく働いてくれて、だんだんと目覚めていくことでもあるが、たいてい物質的な対人関係は減っていくことが多いと先に書いた。フェイズ3が太ってきた人からすると、目に見える物質的な領域での対人関係は低速で退屈なので、長く関わるのは苦痛であり、それでも続けるには忍耐力を必要とする。ほとんど意味のない会話が続いたりすることに辟易するのは当然だ。とくに感情的な話になるとついていけなくなる。宇宙ボランティアは、このことにほとんど耐性がない。

フェイズ3が太ってくると、このレベルの情報がどんどん入ってきて、フェイズ4情報が色褪せていくが、こうなると恒星探索をしても、人の出現率が激減し、象徴的な表現を解釈することなくそのまま受け取るようになる。象徴を解釈しなくてはならないのは、フェイズ4の知性がそれを消化できないので、いったん噛み砕かねばならないということなのだが、フェイズ3以上では象徴は象徴のまま受け取るので、解釈の必要はない。アストラル界になると象徴が身体となる存在ばかりを見るようになり、恒星のフェイズ1になるとロゴスしか見えなくなる。人は興味あるものを興味のままに見るという意味で、恒星探索で人を見るのは、その人の興味の比率を示しているということなのだ。

## デネボラ

〝春の大三角〟[*]は、アルクトゥルスとスピカとデネボラだが、アルクトゥルスは存在を無形なものにしたり、また有形のものに戻したりする。どういう形に戻すのかについては、アルクトゥルスは気にしていない。わたしがスピカに行った時、帰還に際して、スピカ星人が自分を地球に連れて行けと言った。このとき、わたしはスピカ人をはっきり形では認識していなかった。しかしスピカはあきらかに美意識という概念をあらわしているロゴスで、その気配は強かった。もちろん乙女座の視覚でなくても、ほかの感覚で受け取るので、匂いであれ、明

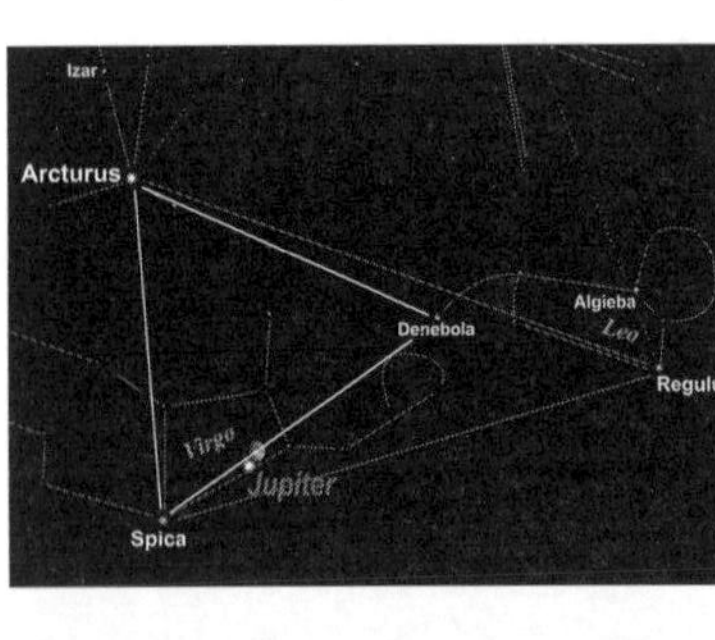


＊春の大三角
春の夜に見られる、アルクトゥルスが基点になって二つの三角形の並びができることを「春の大曲線」といい、中でもアルクトゥルス、スピカ、デネボラが作る正三角形に近い並びを「春の大三角」という。

確にスピカ人は美をあらわしていた。スピカ人がフェイズ1領域からフェイズ4領域に降りる時には、地球上での具体的な美のフォルムを帯びることになるだろう。それは人でもいいし、狼と走る哲学者マーク・ローランズが狼が走る姿を見て、これほど優美なフォルムはこの世に存在しないと言ったように、走る狼の姿でもよい。

このメタモルフォゼの微調整をするのがデネボラだ。デネボラはアウトサイダーの性質と言われており、人の輪の中に入らないが、少し遠いところから見ている。遠ざかりすぎると離人症になる。近づきすぎると、アウトサイダーにはなれず、環境とのホメオスタシス的共鳴によってまったく身動きがとれなくなる。デネボラにはちょうどいい加減というものがあり、この〝春の大三角〟は、無形のものから美的な形にあるものの間のちょうどいい比重を決めていくセットだということだ。

わたしが大塚で連絡役のアンドロメダ人を見た時、距離としては20メートルから30メートルの間だが、ここで間合いを詰めてしまうと、わたしのデネボラ性質が抵抗する。しかし遠すぎると見えない。この距離の微調整をすることで、アルクトゥルスの力はスピカに受け渡され、形の世界に入り込む。シェイプシフターの形を龍にするか、狐にするか、あるいは部屋にしてしまうか、机にしたり靴にするか、スピカが選ぶとも言える。

そもそもスピカ（Spica）の語源は英語のスパイク（spike）と同じで、「麦の穂先」をあらわし、黄金色に輝くものを意味するが、農業（アグリカルチャー）やカルチャーに関係し、さまざまな形を作り育てることをあらわしている。作られたものはキラキラ輝く魅惑的なものになってゆく。

ちなみにわたしはデネボラの影響が強いので、美術館に行っても、絵をじっくり見たことはない。高橋巖さんは、フェルメールの絵を堪能するには、最低1時間はその前に立っていなくてはならないとわたしに言った。しかしたいていわたしは3秒くらいで終了する。食い込んではいけない、しかし見えないのも困るとデネボラが間合いを計るのだ。このデネボラは、フェイズ1からフェイズ4までの比率や配合を微調整すると言ってもいいだろう。気配だけのものを形にしたり、また戻したりするのはアルクトゥルスだが、濃度調整はデネボラだ。恒星探索で、ロゴスだけの世界に人が住んでいる気配を作ったり、実際に生き物が出てきたりするというふうに異なるフェイズを混ぜる配合比率もデネボラが決めていく。講座でもっとくわしく教えてくださいと言われても「もう説明しない」というわたしの態度は、デネボラの打ち切りで、わたしは講座の終了時間に正確に終了することが多いが、これはデネボラのパンする力が強いからだ。つまりデネボラを、引き際を決める星と考えてもいいかもしれない。遠ざかること、去ること、お別れすることなども含まれているかもしれないが、お別れしても、遠くでは見ていたりする。たんに距離をとっているだけだ。ここでぷっつりと切るのは、カプルス[*]のロゴスなので、デネボラは切らない。

*カプルス
ペルセウス座のM34星。

## オーラは人によって同じものを見ることはない

この各々のフェイズの混ぜ具合を調整するということについてオーラの例を考えよう。シュタイナーは、オーラを見ているときに人の姿が消えてしまうという。オーラはだいたいフェイズ3の情報だ。人の姿はフェイズ4の情報だ。オーラを見ている人はたいてい、人体が見えて、その周囲にうっすらとオーラが見えるというのが普通だが、シュタイナーの場合、人体が消えてオーラのほうがよりリアルに映るという比率にしてしまう。つまりフェイズ4の比率よりも、フェイズ3のほうが濃くなってしまったということだ。わたしも同様にそういうふうにオーラを見た時、オーラは薄い膜でなく、まるでレンガのように固く見える。能の『殺生石（せっしょうせき）』は、玉藻前（たまものまえ）という狐が岩に閉じ込められるというものだが、そのときわたしが見ていたオーラも、この岩のような感じがした。この中に人が閉じ込められている。

フェイズ3の存在は、地球人類を見てもおそらく人の形は認識できない。そしてこの岩のようなオーラを人の姿だと思うはずだ。だいたい卵型をしており、さまざまな絵の具で塗られていて、あまり上品な色はしていないと思う。上品な色をしていないというのは、それは品性が悪くて、フェイズ4の欲がまだどぎつく、蒸留されていないからだ。わたしたちがフェイズ3の比率を増やし、フェイズ4の下地が見えなくなるくらいになると、このようにオーラを実体とみなし、肉の身体はもうわからない。わたしがある人のオー

ラを見ていたときのことだが、その人の肉体が消えた。するとオーラの卵の中から、いきなり腕が飛び出したので驚いた。足が出るのでなく手が出たのだ。腕はまだ地上的にやり残してきたこと。これは何か仕事をしたいという意味だ。腕の先には指がある。指は細分化していくもので地上との接点であり、これは専門分野や細かい仕事ということでもある。そういう仕事をして成功したいのだ。

オーラを見た時に、みんなが同じものを見るというのはありえない。ある人は、フェイズ1を上書きする。すると、そこに図形理念がある。決して図形としての意味なのではなく、意味が満たされているものそれ自体なのだ。ある人はフェイズ2を上書きする。すると何か生き物が肩に乗っているように見える。ある人はフェイズ3を上書きする。エネルギーの流れ、色、包み込む光などを見るだろう。これが一般に言うオーラだ。人のそれぞれの層の比率によって、見え方が違うのだ。わたしはおそらく数百回ほどオーラを見る会や講座をしたが、参加者の共通の見解はないと思ったほうがいいと思われる。支配者がいると、それにあわせてしまうので、みんな同じものを見るという可能性はある。そう言われると、そう見えてしまうというものなので、印象操作をして全員の意見をまとめてしまうのは非常に簡単だ。なんせオーラは「気のせい」なので、気持ちをある方向に誘導してしまうと、全員が同じものを見てしまうのだ。

## 達磨大師の気化

フェイズ3の振動密度が高くなり、そこに重心が移動しつつあり、フェイズ4の比率が減ってほとんどフェイズ4の部分が見えなくなった場合、フェイズ4の物質界に住んでいる人からはその姿が見えなくなるという現象を起こす。達磨大師のように、物質世界では身体が消えるという「気化」を起こした時、本人は自分ははっきりと3次元的な存在だと認識しているが、重心が移動したために、フェイズ4世界からすると、それは霧か雲か、あるいはほとんど透明なものとしか見えなくなっていく。フェイズ3領域に12感覚をすべて移し換えると、もうフェイズ4には手や足が出なくなるのだ。しかしフェイズ3の比率が高い人は、ゴルゴダの秘蹟で応身になったイエスを見たように、復活した達磨大師を見る。この場合、フェイズ4に遠慮する必要性を感じないので、点になったり、空気をすべて覆ったり、ロート型になったり、空間をひずませる透明レンズになったりとさまざまだ。人の形をとる義理なんかどこにもなく、人の形に固執する人はフェイズ4に信念体系が凝り固まった人なので、余計その人々に見せる理由もない。というのも誰にも防衛心が働くので、少しでもフェイズ3を感じる兆候があると、ますます硬く閉じこもってしまうのだから。男女の形はフェイズ4にしか成立しないので、気化した後、男になったり女になったりする人はいない。

よくビジョンは12分の1でなくてはならないと言われる。感覚が全部フェイズ3で機能するようになれば、そこにまるごとさらわれていくからだ。フェイズ4からフェイズ3を覗くには小窓を12分の1だけ開く。それ以上開くと、甚大な被害をこうむる。*三輪山の巫女は、オオモノヌシの住むフェイズ3に深入りしすぎて、神に「取り上げ」られた。

達磨大師が、陽神の旅に9年も費やしてしまったのはフェイズ3での12感覚機能をすべて揃えようとしたからだ。陽神が見たり聞いたり触ったり匂ったり、という実感を高めていくために、あらゆるところを旅して、あらゆる体験をしなくてはならないのだ。もちろんこの世界を体験するのではなく、フェイズ3

＊三輪山の巫女
奈良県の箸墓（はしはか）古墳にまつわる三輪山伝説に登場する倭迹迹日百襲姫命（やまとととひももそひめ）のこと。姫はオオモノヌシの妻となるが、その顔をもっとはっきりと見たいと願ったばかりにオオモノヌシは姫の元を去り、空を翔けて三輪山へ帰ってしまう。後悔した姫は自害してしまうという伝説。

世界を見聞きする。この世界を体験するのは本人がいるので必要がない。わざわざフェイズ3のボディを作って、フェイズ4の世界を旅するのは馬鹿げている。

この比率の移動は程度問題だ。フェイズ4への執着や欲望が残っている場合には、これを「手が出る」とか「足が出る」というが、反対に言えば、フェイズ4に接点を残したい時には、その人が残す欲望が碇(いかり)になってくれる。仏舎利やミイラなどもそうだろうし、ドンファンはこれを「盾」と呼んだ。そもそもこれは強烈すぎるフェイズ3に飲み込まれずに、かろうじてフェイズ4を残しておこうとする、フェイズ4から見ての防衛装置ということで、わたしなら「日よけ帽」と呼ぶ。太陽の力が降り注ぐのを緩和する。たいていいろんな仕事、趣味などをこれに使うので、中には馬が好きなので、馬ということもある。でも完全にフェイズ3に重心を移しきるのならば、フェイズ4の部屋を全部断舎離するだろう。

古い日本では、夢の中では出された食べものをいただいてはいけないという話があった。ヘミシンクでは、反対に出されたものは全部食べなさいという。フェイズ3で食べればフェイズ3は太り、相対的にフェイズ4がやせ細ることで現世的な活動に気合が入らなくなる。江ノ島でヘミシンクを使うと弁財天がやってくる。それは食事を大量に用意する小母ちゃまたちで、割烹着を着ており、たくさんの食べ物がテーブルの上にこれでもかというくらい用意され、それらをおなかいっぱい食べると、フェイズ3の比率が増加して、フェイズ4の意欲が減っていくだろう。しばしば霊能力者は肥満しているが、これは対抗措置としてフェイズ4を太らせようとしているからだ。フェイズ3でケーキを3個食べたら、フェイズ4では4個、フェイズ3でバームクーヘンを4巻食べたら、フェイズ4では5巻食べる。イザナミが千人の子どもを殺したら、イザナギは千五百人の子どもを作る。

## 人は快感なしでは生きていけない

金星的シフトとは、フェイズ4からフェイズ3へと〝感じるエンジン〟で移動することだ。人の形をとどめている間はフェイズ4の世界の平和を維持し、シェイプシフターになるとフェイズ3へ移送する。アルコールを飲むとドーパミンが出るというが、美空ひばりはあまりにも辛いことが増えてアルコール依存症になった。「痛み」とは自分が分断され、低い振動密度に落ちていくことである。Ｈ48が分断されるとＨ96に落ち、それは苦痛に満ちた感情、恨み、失意などを作り出し、Ｈ48の自分を保っていられなくなる。逆に「気持ちよくなる」とはこの分断が解消され、一体化、統合化に向かうことだ。しかしＨ48に行くだけではバウンド力が足りないので、どうしてもＨ24までは行きたい。しかし苦痛が増えすぎてしまうと、統合化に引き戻すためにアルコールを使うという手段では最終的な効果をもたらさない。そもそもＨ48世界への興味がある間は誰もＨ24には行ききらないのだ。アルコールは確かに脳波ではシータ波、アルファ波が増加するのだが、いやな脳波も残り、傷を癒せない。そもそも飲酒は身体には有害な面があり、美空ひばりは難病指定の特発性大腿骨頭壊死症になった。これは足と上半身が分断されることであり、上位の組織が過剰に拡大したぶん、腰から下の組織が取り残され、上下間の連絡がうまくいかなくなったのだ。これは〝腰の脳溢血〟と言われていて、飲酒以外にもステロイド剤の多用や、身体のコンディションを無視した過剰な運動で大腿骨を壊すことでも生じるのではないかと思われる。素もぐりが趣味の人、マラソンのしすぎ、戦隊ヒーローを演じるアクション俳優などにも起きやすいようだ。

李白は湖面に映る月を取ろうとして溺死したという伝説がある。アルコールを使って、応身（トゥルパ）になりたかったのかもしれない。スワディスタナ・チャクラは川。月もそれに照応する。肉体としてのムラダーラ・チャクラはそこに回収されたいと願った。田村隆一のような詩人たちにはこの手の人が多いと思うが、応身にシフトする準備が十分にできている人であれば、泥酔して死ぬことでそこに行ける場合もあるかもしれない。チャーリー・シーンのようにセックスとドラッグと酒に溺れるのは、フェイズ3に移動したいあがきでもある。プレッシャーやコンプレックスから逃れたいだけならここまで派手なことはしない。だが、フェイズ4に関わることをあきらめていないがゆえに無残な結果になりやすく、そのためにチャーリー・シーンはHIVになった。フェイズ3に行きたい人は、フェイズ3の12感覚を整えなくてはならない。そうでないと蛭子（ひるこ）のような姿のままフェイズ3に移行する。

快感とか楽しいという通路を使った移動はどんなものであれ金星通路であり、世の中にはこういった楽しいものがたくさんある。

オーディオマニアは、音楽は天上的な楽しみであることをよく知っている。何百万円もするスピーカーをどうして平気で買ってしまうのかもこのあたりに原因がある。高級なスピーカーはなんとも言いがたいすばらしい表現をするのだ。ウィスキーの入ったグラスを片手に往年のジャズをアルテックの古いスピーカーで聴くというのも、金星的堪能のしかたのひとつだろう。音楽は7音階で作られているからだ。しかしこれに身体まるごと包まれず、どこかがはみ出してしまうとしたら、その部分に地上的執着心が残っているということでもある。没入できるなら、もうこれ以上のことはいらないと明言するはずだ。年寄りになり、もう仕事で十分成功し、あらゆる地上的な欲求が満たされ、さほど思い残すことのない人ならそれは不可能ではない。わたしもJ・S・バッハのカンタータなどを聴いていて、これはこの世のものかとつくづく感心する。これに包まれて手も足も出ないということはよくある。でもオーディオ装置で音楽を聴くという行為自体がドンファンの言う「盾」であるには違いない。盾は地上につなぎとめると同時に、それ自身がフェイズ3への通路ともなるので、弁のようなものだと考えてもいいのではあるまいか。防ぐと同時に通路にもなるからだ。

## 粗いものから精妙なものへ

この楽しい、快感を感じるというものも7段階あると考えればよい。刺激の強い快感を求める人には、重く鈍い苦痛、すなわち分断意識がある。これを解放するには、よほど強い刺激がないと効果がないのだ。つまり強い薬でないと効かないというわけだ。しかしもっと軽い領域（段階）においてなら、刺激の強い快感でなく、淡い天国的な快感となる。グルジェフの言う水素で言えば身体のH12や感情のH12は通常の思考がついてこられないような高速の振動であり、思考がついてこられないということは、思考がとぎれてしまうということだ。身体のH12は身体の快感であり、感情のH12は感情の快感として感動したり崇高な気持ちに打たれるなどを示している。身体の中に同じ成分が微量にでもあれば、誰もがそれを引き寄せ、太らせようとする。水瓶座の嗅覚を使うと匂いで識別するので、感触や手さぐりや気配でそれを見つけ出し、同じ成分を増加させようとする。

身体や感性がそれを堪能し、楽しさでいっぱいになるにしても、身体や感情の中にそれでは飽き足らない重たいものが残る時には、この楽しい感覚が精妙すぎて、重い部分にまで届いていない、いわば底をさらってくれないということだ。その場合、どぎつい生々しい快感を求めることになるが、なんでも繰り返すと蒸留効果があるので、粗雑なものはやがては精妙なものに変わるだろう。粗いものから精妙なものまで段階的な通路があれば、そのままスムーズに上がることができる。こうした通路については、おびただしい感情体験や人生経験の中で感情や身体感覚が推移するという体験を通してノウハウを身につける。やがて、精妙なものだけで身体まるごと満足するとか、包まれる状態になることができる。つまりその人そのものが精妙になったということだ。しかし精妙なものに変化させるには、その意図、感触というものがその人の中に微量であれなくてはならない。そうでないと、どこに持っていっていいのかのロードマップがないことになるからだ。

蠍座は生命感覚を示すもので、粗い生命感覚から精妙な生命感覚にシフトする方法論は、蠍座23度でサビアシンボルは「うさぎが妖精に変わる」というものだ。その手前に蠍座22度の「あひるに進み出るハンター」というシンボルがある。チャーリー・シーンのようにセックスとドラッグと酒、さらに暴力など、荒々しいものを繰り返すことが22度で、粗いものにだんだん退屈さを感じて精妙なものに変化していくのが23度だ。蠍座の生命感覚は、エネルギーを溜め込むことで、高められた意識に昇っていくというものなので、やがては頂点的なものに向かわなくてはならない。蠍座の支配星は冥王星だが、古典的な占星術では火星なので、火星・冥王星類であり、つまりは射出快感側ということで金星の受容性の快感とは違うものだが、どちらも感じるという点では共通している。蠍座の反対側にあるのは思考感覚の牡牛座なので、高められた生命感覚の支援があると思考の質は上がる。蠍座の質によっては、品格のない思考や、あるいはもっと質の高い思考内容というものが出てくることになる。精妙な振動の生命感覚に満たされると、思考内容が形而上学的なもの、ロゴスに関したこと、超越意識、抽象的なものに変わっていくのは当然のことだ。

そもそも食物を摂取した時、身体内で食物は分解された後、それが身体の中にあるものと照合して太らせたい成分に関係しているのなら、流れに抵抗して身体の中にとどまらせようとする。必要がないと思われるものは、そのまま素通りさせて排泄する。同じ食べ物を食べても人によって取り込むものが違うし、同じ空気を吸っても同様に取り込むものが違う。強い刺激を求めている人は、その振動の栄養を身体にとどまらせ、もっと精妙な刺激を求めている人は、それにふさわしい食物成分を身体の中にとどまらせる。

結果としてその人の身体はその人の望む通りの成分で作られているということになる。フェイズ3に近い身体もあれば、フェイズ4以外どこにも接点のない身体もある。これらはその人が望むものを蓄積した結果としてのものだ。そういう点では、食べ物を選ぶ必要はあまりないのかもしれない。どんなものにも宇宙のすべての要素が含有されているとするなら、どんな食べ物を食べても、その人の望む成分を取り込んでいることになるのだから。すでに説明したようにこれはタロットカードの［20］審判のカードで、ラッパを吹いて墓をこじ開けるというものだが、ラッパはサウンドで、この音に応じたものを墓の中から掘り出すのだ。万年筆がほしい人は、ゴミの山からでも万年筆を発見する。

掘り出すというのは、そこに興味を抱くことで、言いかえればそこに引き寄せられるという意味でもある。掘り出すことも引き寄せられることも同じように同一化するということだ。基本的に身体とは、感じるもので成りたっており、人は快感なしでは生きていられないと書いたが、快感なしでは身体が維持できない。身体は感じるものが凝固してできたものだ。振動するとは感じることでもあり、身体はこの感じることが凝固したものだと言える。

何か食べてもそこに休みなく快感を感じているが、身体の奥で感じているためにそれらがひとつひとつ表面に上がってこない場合もある。油は麻薬のようなものだと言われるし、糖質もひどく気持ちがよく、気分がハイになる。タンパク質は力強い。水は突き抜けていく清澄感がある。この快感が露骨に表に出てくると、他のことができなくなってしまうので、いつのまにか自動化されてしまった。断食した人は、この快感の初心を思い出す。身体の生産物の頂点には、性センターのH12要素があるが、それがいまのところ身体の感じる機能としての頂点にあるもので、身体がかき集めた快感のエッセンスだ。ラカンは母親から食物をもらう子どもは、母親の肉体を食べていることであると説明したが、それは世界を食べることでもある。地球的身体を持つには、地球にあるものを食べる。そして食べていくにつれて地球的身体ができあがるが、同時にこれは地球が身体のすみずみにまで入りこむことであり、相互浸食には楽しく気持ちいいという快感が伴う。地球で採取できる物質の中に、このH12に近いものはたくさんあるが、わたしがインドの朝の空気に感動したのも、インドの空気にはほかの国よりもこのH12成分が多いのだ。遠くからイスラムの朗誦が聞こえるとますますそうなってしまう。

この快感が「足が出ない」まま、あるレベルまで上がるとフェイズ3身体になり、また日常のほどほどの快感であればフェイズ4となり、苦痛で顔が歪んでいくくらいになるとフェイズ5になり、緊急でモルヒネとかアルコールを摂取することになる。マーラーは、妻が陣痛で苦しんでいる時に、痛みを止めるためにカントを朗読したというが、マーラーからするとカントは快感をもたらすものだったし、モルヒネのように痛みを緩和するものだった。マーラーはウィスキーを飲まなくても、カントで酔っ払う人だったのだ。数年前、わたしのところにカウンセリングに来た若い女性がいて、その姿はいかにもギャル系というものだったが、読書の趣味はカントという話を聞いて驚いた。たとえばヒップホップ系の男性から、実は一番好きな曲はグレゴリアンチャントだと言われても不思議はないはずで、誰でも自分に必要な栄養は、人に説明して邪魔されないように、こっそりと摂取するのがいい。

## 電線にひっかかる

オンラインで精神宇宙探索研究会に参加していたある女性は体外離脱が得意だが、どこかを飛んでいるときに、ときどき電線に捕まってしまうのだという。電線は電気が通っているが、ここで重要なのは電気なのか、それとも電線なのか。

電気はH96に属するもので、H96は、動物磁気、光、通常の電磁気、エーテル成分など幅広い範囲のものを含む。しかし科学で認識できる物質は、これよりも下のH192以下の物質であり、その意味では、電気などもH192に近いものであり、純粋にはH96のカテゴリー範囲のものではないかもしれない。電気は電線につかまりやすく、空間を飛んでいても近くにある電線に捕獲されるので、避雷針なども考案された。そういう意味では、この女性は電線に捕獲された電子とも言える。電気は便宜上定義されたものでしかないので、実体は電子のことだ。

電線を構成する金属はH192・H768・H3072の三つ組で、電気はこの網に捕まる。水晶などの鉱物はH96・H384・H1536で、ここ

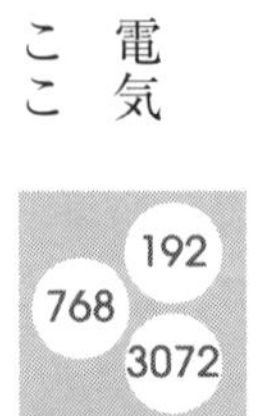


金属の水素番号の三つ組

では電気よりももう少し振動密度の高いエーテル波が捕まる。この低いものに捕まるというのは、つまりはその振動密度の物質が下方に欲望を抱くからだ。アストラル体が物質世界に興味を持ち、気がつくと物質的存在になったというように、電気は電線につかまり、エーテル成分は水晶に捕まる。低いものに興味を抱くのは、すなわちご飯を食べたいという欲求だ。ご飯を食べることで、その存在はその世界に同一化し、その世界に住むことができる。フェイズ４の人間は地球を食べて、地球と同一化することで、地球に住むことができる。

哺乳動物的人間ではなく、アントロポスとしての人間はＨ６・Ｈ24・Ｈ96の三つ組なので、本質的にボディはＨ96で作られており、すると、ふらふらと空中を飛んでいると電線に捕まってしまうのではないか。哺乳動物的人間——神の子羊はＨ12・Ｈ48・Ｈ１９２で電線サイドであるから、するとこの女性は、アントロポスでありながら哺乳動物的人間の住むフェイズ４に興味を抱き、いつでも電線に捕獲される用意のある電子であるという立場になる。旅の途上で、電線に誘われて、ついそこに行ってしまう。

オーディオは、電気信号をスピーカーというトランスデューサー（変換器）

鉱物の水素番号の三つ組

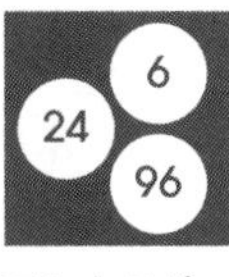

アントロポースとしての人間の三つ組

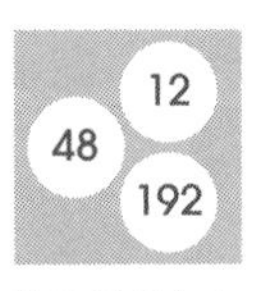

神の子羊としての人間の三つ組

で空気信号に変える。空気はH192なので、ここでもH192に包まれたH96成分が聴く者に伝わる。音楽を聴いて楽しんでいる人は、空気の揺れがほしいのではなく、空気の揺れが代理人となったH96の信号を聴きたいのだ。空気はH96より少し重いので忠実に信号を再現しない。スピーカーもまた重い質量があるので、確実に信号を取りこぼす。H96は火を意味している。音楽とはH96の火が、H192の空気の「エナ（襲）」に包まれ、空気振動によって内面を表現していくことなのだ。この電線に捕まってしまう女性の職業は作曲家だ。その意味ではわたしも毎日オーディオで音楽を聴いているので、空気や電線に捕まる人とも言える。確かに電気製品となると思わず近寄ってしまう。QHHTでは地上に降りることはできなかったが、しかししっかりと空気や雲には捕まっていた。応身は電線で捕まえることができるならば、しばらくインターネットの中に住んでもらうこともできる。

## 漏電を防ぐために境域の守護霊を設定する

科学はH96あるいはH192以下のものしか扱うことができず、H96以上は非物質成分なので、科学分野では実証のできない理論的な部分だけで追求するようなテーマになる。もしもずっと実証できなくても、それのみで単独に独立した分野だと認められるのならば、科学は物質主義の壁を越えることができる。いちいち実証するという段階で、常に理念は地に叩き落されており、本質的な意義を失っている。科学理論を追求する人にとって実証とは楽しくない足かせで、いつまでも理論をこねくり回す快感を奪われてしまう。アインシュタインが長い間、思考実験ばかりしていたように、数学者や科学者の中には実証を毛嫌いして、ずっと架空の思考実験だけをしていたいと思い、その楽しみに寝食を忘れてしまう人もたくさんいるはずだ。というのも、これは本当にドラマチックで、驚きと感動に満ちているからだ。メンタル界では、思考が創造力を持つ。仮説がひとり歩きするというところにも、このメンタル界の創造力の片鱗を感じることができる。メンタル体が発達すると、自分の思考に検証は必要ではないし、それでいて自信と確信を持って押し出すことができる。なぜなら概念は他と比較するもののない唯一無二のものなのだから、そもそも比較は必要がない。そしてたいてい、絶対に間違ってはならないと感じるので、それを外面的に点検するのでなく、自分の打ち出す姿勢に間違いはなかったどうかを確認する。この理念にH192以下のものをまとわりつかせると、何か地に落ちたような気がして気分を害する人はいるだろう。しかし実証によって物質的に証明される、つまりH192以下と結びつけることは世間に自分を知らしめることになる。

電気などはH96の中でもH192寄りの部分であり、またH96の上のほうはかつて否定されたエーテル成分などにあたる。わたしは二十代の終わりごろにグルジェフのことを扱ったウスペンスキーの『奇蹟を求めて』を読んで以来、グルジェフに捕まってしまい、その後ずっと意識と物質の境界線はH96あたりか、それともH192なのかを考え続けた。この2種類では粗すぎて、もう少し細分化したほうがいいのではないかとも考えた。

フェイズ4の物質界をH48と定義していたが、これは正確に言うと、物質とは「対象化できる振動」という意味で、自分よりも低いものは対象化できて、自分よりは高いものは対象化できず、逆に自分が対象化される、つまり、H48が中層重心の知性はH192を物質として対象化している生き物であり、H24の中層重心の知性はエーテル体や動物磁気、気などのH96を対象化できる生き物という意味なのだ。復活したイエスを見ることのできたのはH24の存在であり、H48の存在はイエスの死体しか見ることはできなかった。応身のイエスのボディはH96でありH192ではない。H192は肉の身体、H192以下の成分を引き連れている身体という意味だ。

わたしの占星術の本では、アントロポスと哺乳動物的な神の子羊というふたつのタイプに人間を分けるとしたら、月を内面として扱うか、それとも月を対象化して外に吐き出すかという違いだと説明している。月はH96をあらわしており、これは精神としてはあまりにも低い振動で、暗い否定的な感情をあらわす。しかし外に吐き出して物質として考えると、物質においてはもっとも振動が高く、というよりも高すぎて目に見えないもので、水晶などの鉱物ではこれが高自我（存在の三つ組の「食べられるもの」に該当）になる。H24存在とは、自分の中にある暗い感情を外に吐き出すのだ。するとそれは対象化されて、オーラや空気中に充満する銀色の輝きとして視覚化されるが、すでに説明したように映像認識は乙女座の能力なので、ほかの感覚でこの「気」を受け止める

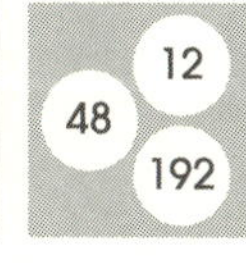

のは好みの問題だ。必ずしもカラーの映像で見る必要はないし、わたしが九尾の狐を焦げ臭い匂いで認識したのも、嗅覚で確認したことなのだ。余談だが光線治療器のコウケントーも似た匂いがする。

体脱して空を飛んでいるとき、空はH192で、これを踏み台にしてH96ボディは移動しているが、空のH192はH192そのものとして漂っており、この中により低い振動のものはそう含まれてはいない。人体はH192以下の水、木、鉱物、金属などをぶらさげている。死んでしまえば、このH192以下のものを引き寄せる磁力（欲望）がなくなるので、これらは四散していくのだが、すると死んだ後の存在は低限をH96として存在するようになる。応身は、このH96をボディにして、その上にアストラル体、メンタル体を打ち立てて継続的に生きており、つまり不死の存在で、その後分解していく運命にある死者とは決定的に生存形態が違う。より高次の意識に自我があると、下の成分はそこに引き寄せられて見えない光のボディを自動的に作るのである。死者にはこの引き寄せ力としての重心がない。また、インターネットの中に住んでいる応身はすぐに違う場所にも移動できるので、インターネットがなくなると消えるというわけではない。インターネットでは多くの人が情報を共有する。この「共有して、個別に占有できない」というところに応身の存在があるのだ。

## 危険な境界領域

地球にはエーテル体として惑星グリッドが張り巡らされている。五つのプラトン立体を全部組み合わせたものはＵＶＧ１２０としてグーグルマップにも表示することができる。わたしは以前これにあわせて海外旅行をしていた。日本国内でも、このラインの場所を探索して山奥にも行った。

このラインが作り出す囲いの中にアストラル体は降臨できるのだが、同じ形の枠にはどこにでも移動できるのが本来のアストラル体だった。しかし特定の場所に釘付けになるとは、もっと低い振動密度の物質を身にまとい、つまり身体に鎖を巻きつけ、動けなくすることだ。アンドロメダ姫が身体に鎖を巻きつけたのは、つまりは電線を巻きつけることで、岩を巻きつけたのではない。岩のそばで電線を巻きつけたのだ。

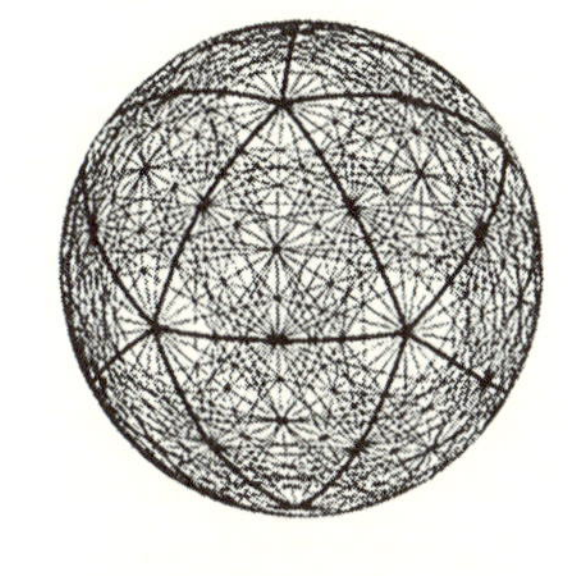

わたしがＨ96とＨ192のどちらが精神と物質の正しい境界線なのかを10年以上考え続けてきたのは、次のような視点を持っていたからだ。

人間は進化する衝動と創造する衝動の両方を持つが、進化する側は振動密度を上げたいし、創造する衝動を持つものは振動密度の低い世界に入りたい。というのも創造とはたくさん作ることで、これは分岐であり、ひとつひとつは振動密度が低い、より物質的なものに拘束されているからだ。オリオン三つ星は創造の炉といわれているが、たくさんの分岐勢力を作り出した。このＨ96とＨ192の分水領はある意味では危険地帯で、戦争や分裂、混乱が起きやすい場所だ。

地球に差し込む日食の力は、惑星グリッドとして地球に切れ目を入れた。この切れ目は、地球という物質の皮膜を突き破り、内部から火山などが噴出する場所で、地球から見ると傷ついた脆弱な縫合部だが、しかし反対に進化したい人から見ると、これはポータルである。物質側からすると負けた場所だが、精神からすると勝つ場所だ。この危険地帯は12サインで言うと、天秤座の16度に該当し、事故多発地帯だ。

この場所では、反対の立場の人が両側に立っているために、常に反対の解釈が成り立つ。そしてその人の姿勢によって意味が逆転する。安心の暮らしを求めている人からすると、地震も噴火も嫌だし、天変地異は好ましくない。しかし、進化したい人からすると、それは脱出口を提供する。つまるところ、タコ足配線をしたり、配線間違いをしたり、水がかかると電気は漏電し、火事になったりするので、このH96とH192の境界線をきっぱりと分けようという考えが生まれるわけである。

ここは龍になりたい欲求と、物質的なフェイズ4の人間の形になりたい欲求とが混信しやすい場所で、そもそも世界で道徳的な乱れが発生するのもこの場所だ。世間ではこの場所は違法の場所となりやすいし、科学ではここが要の微妙な場所で、ずっと議論が続く場所だ。岩が崩れ、空を飛ぶものが落ちる。難破船や残骸が累々と横たわり、人々は惑わされ、どこに行っていいのかわからない迷路でもある。ここに関門を作ることは、フェイズ4はフェイズ4で閉じ、フェイズ3はフェイズ3で閉じて、不用意に行き来しないようにすることだ。ビクトリア朝時代の人々のように洋服に包まれ、肌をさらさない。そして夜中になると、くるみ割り人形のように人形たちはフェイズ3の姿に変身するが、昼は絶対にそんなことはしない。これは節度をもうけることでもある。フェイズ4とフェイズ3を混ぜない。混ぜると危険だからだ。

## 恐怖の門

シュタイナーは、現世からフェイズ3に移動する際の境界に、境域の守護霊が立ちはだかっているという。フェイズ4で完成しなかった者は、フェイズ3との境界線で四元素のうち足りないものがあることが発覚し、そこで境域の守護霊は恐ろしい形相になり、その者をフェイズ4につき返す。四元素を揃えたものだけを境域の守護霊は通し、フェイズ3に案内する。この検問機能は、エデンを守るケルビム*のことでもある。この仕組みは考えてみると当たり前の話だ。フェイズ3の第五元素は、それを分解して四つの元素になり、月の下の世界が形成される。となると第五元素に行くには、四つの元素をコンプリートしなくてはならず、ひとつ足りないと第五元素の門は通れない。薔薇十字の印など、真ん中に入り口があり、四方にドアがある図形は、この四方のどれからで

*ケルビム
智天使。アダムとエバが追放された後のエデンの園を守った。

も真ん中に入れるという意味などではなかった。四方のどこからでもいいが、どの扉からでも四つの部品を揃えなくてはならないのだ。風・水・火・土のうち、キリスト教のような信仰の道は水の道と言われていて、哲学的な理念の道は火の道と言われているが、どれかの道を究めても、その中で四つを全部揃えなくてはならない。

エデンに忍び込んだ蛇であるシリウス人たちは、この厳重なケルビムの門に穴を開けてしまった。シリウス人たちはオリオンの飼う犬であり、アルシオンの幻想の楽園、タカマガハラを襲撃した。アマテラスが、プレアデス、とくにアルシオンならば、スサノヲはオリオンで、タカマガハラを襲撃して畑を荒らし、犬を放った。この侵入者を防ぐにはケルビムをもっとパワーアップする必要がある。と言っても、これはこれらの種族を統括するグレートセントラルサンの立場からすると、それぞれの配役であり、互いに行き過ぎないように打ち合わせはする。

先述した自殺したフィリピン人教師が、わたしがマニラにいる間ずっとわたしの近くにいて、わたしが帰国する前の晩にはベッドを激しく揺すってまでして要求したことの本質は、成仏させてくれというものだ。モルグの死体を埋葬するお金をくれというのは、その意味でもある。死体は土に埋められると、魂魄にくっきりと分離する。しかしそれはいずれは家族がそうするだろう。

この英語教師は、日本の生徒たちがいろんな食べ物を送ってくれることを喜んで、レトルト食品とかお菓子の袋をスカイプ映像の中で見せてくれたが、これを食べてますます糖尿病がひどくなり、心臓に疾患を抱え、どうにもならなくなった段階で自殺した。

わたしが教師に通路を作ったので、こういう人はその型がアストラル体に刻印され、自分がされたことを与え返すので、フィリピン人教師はシェイプシフターとしてフェイズ4からフェイズ3への案内者として働くことになる。こういう場合、病気で苦しんで自殺し、その後通路ができるという一連のコースが、案内の道の物語、ミュトス、アストラル体の形になる。だからとくにそういタイプの人を導くことが可能だ。たぶん教師はこのシェイプシフターとしての役割をずっとまじめにこなすだろうし、がさつだが、とても真剣な人間だということはスカイプの授業のときからわかっていた。

　でも、わたしは昔のお坊さんのように、衆生をだれかれとなく救済して歩きたいとは思わない。マニラで死んだフィリピン人の教師が毎日ホテルに来ても、最初はずっと無視したままだった。最初の夜に印象的だったのは、水ぶくれしてあわれな姿になった教師がわたしに近づこうとしている時に、ANAの客室乗務員のような小奇麗な女性が3人、教師がわたしに近づかないように防御していたことだ。しかしながら、この3人は育ちの良すぎる天使のようで、教師はあまりにもあっけなくすり抜けた。つまりこの3人の天使は、成仏の通路を教師に作ることができない。天使と教師の濃度の差には溝があったのだ。ブ*ルース・モーエンなどの本を読むと、肉体を持つ存在でないと通路は作れないと書いてある。わたしはあまりにもしつこい教師の要求に負けて最後の日に通路を作ったので、1週間ほど「ノー」と言い続けていたことになる。フィリピンはH96の心霊的な密度が極端に高い場所なので、かぎりなく物質に近づく力を持つ死者と、かぎりなく心霊的領域に接近する生きた人間がいる。マニラやミンダナオの怖さはそういうところにある。わたしが死んだ教師にあまり親切でなかったのは悪いことではない。しかし教師のしつこさも悪いことではな

*ブルース・モーエン
Bruce A. Moen。1948～2017年。アメリカの神秘主義者。著作『死後探索』シリーズが有名。本書の著者・松村潔とは『死後の世界と宇宙の謎をめぐる対話』(アールズ出版)という共著がある。

い。教師は本気だったのだから、本気ならば応えないわけにはいかない。

## 小守護霊の持つ鏡

フェイズ4とフェイズ3の境界線には境域の小守護霊がいて、それはエデンを守るケルビムの型でもあるが、これを通過できない人はつき返され、フェイズ4のやり直しをする。グルジェフの言うように、自我がフェイズ4でできていると、塵から生まれ塵に戻るので輪廻はない。しかしフェイズ3の要素を持ちつつ、重心がフェイズ3にきっぱりと移行できない場合には、関門で戻されて、フェイズ4のやりなおしをする。何度かのやり直しが輪廻ということになる場合もある。シュタイナーによると火の人は次に水の人など、違う元素を体験するように生まれ変わるのだという。特定の元素に飽きないで、また繰りかえす人も当然いるわけで、水が気に入った人は何度も愛情体験を求めていく。

修行の発想の人からするとこの関門は難しい試練のようにも見えるが、話は難しいものではなく、フェイズ4に至る欲望が残るとは、まだしてみたいことがあるという意味であり、してみたいことがある人はそこに残ればいいだけで、境域の小守護霊はそれをはっきりと本人に見せるのだ。これは自分の影の姿を本人に見せるということで行われる。たとえば恐怖を与えるのだ。そしてこの恐怖によって戻るものと、それをすり抜けるものがいる。マニラのホテルで1週間近く毎夜、自殺した教師がやってきて、しかも水ぶくれした不気味な顔をしていて、最後の日にはベッドを揺すぶり、左手に噛みついた体験も恐怖体験かもしれない。毎日夜にホテルの部屋に戻ると、「また今日も来るのか、いや確実に来るに違いない」と気が重くはあった。夜になると、徐々に怪談の気分になりはじめるのだ。わたしにはこういう体験はよくあるので、恐怖であって恐怖でないという不思議なものだ。フェイズ3では恐怖でもないが、フェイズ4ではそれは恐怖で、そこに行きたくはない。そもそも恐怖はどういう感情かというと、それは自己保存欲求から来ている。自己保存欲求が危機を感じると、恐怖を感じる。自分特有の欲望で成り立つフェイズ4の人生の権利が脅かされる時に感じる感情だ。そのため、フェイズ3においては、それはまったくのところ恐怖にならない。つまり、境域の小守護霊は、ここで脅せば、逃げる者と逃げないものがふりわけられると判断している。欲望にもとづく信念体系が作られると、そこで正しい正しくないという価値観は勝手に作られるし、たいてい自動的に自分で自分を裁く。小守護霊は鏡を見せて、お前の顔を見ろと言っているだけだ。

## 4つの試練と四元素

金縛りにあって、エーテル界の入り口に立つと、ひたひたと何かがやってくる。それは自己保存欲求が脅かされることであり、フェイズ3への招待がされている合図だ。しかしフェイズ3に入ると急に怖くなくなる。つまり鬼は橋を渡る場所にいるが、その先にはいないということだ。

メンタル界の恒星の持つイデアは必ず下界に投影される。下界にあるものはどれもがフェイズ1の言葉がイメージ化、個別化したもので、ひとつの言葉から複数のアストラル体が作られ、これがさらに個別化・細分化されて、特定の場所にある存在性に変わるので、恐怖というキーワードを作り出す元型は天空にある。この元型をわたしはアルファード*と呼んでいるのだが、境域の小守護霊はアクルックス*、二極化の関門はケンタウルス*などが作る。宮沢賢治の『銀

*アルファード
うみへび座のアルファ星アルファルド。

*アクルックス
みなみじゅうじ座アルファ星。

*ケンタウルス
ケンタウルス座。アルファ星、ベータ星など6つの主星で構成される。

河鉄道の夜』では、乗客はサザンクロス*で下車するので、ヤコブの梯子*の最初の横木はその場所にあるのだ。恒星の地図を天文学で探すと、場所がちぐはぐなのでわかりにくい。意味として整理すれば、これらははっきりと綺麗に配置されている。

境域の小守護霊は牡牛、獅子、鷲、天使の4つが組み合わされた顔というのだが、モーツァルトのオペラ『魔笛』では4つの試練がある。四元素のうち、どれか守りたいものがあり、それが地上生活を維持する根拠になっているのならば、それが増大しすぎて、他の元素を押しのけている図像を見せると、その人は逃げかえる。

ひとつの元素を歪んだ顔に見せるというのも、これもシェイプシフターであり、フィリピン人教師はものの見事に不気味なサンショウウオに化けてくれた。その前から自殺者としても水ぶくれしたドザエモンのような、どこかの水たまりで腐敗していたような姿をしていたので、水のシェイプシフターだ。

わたしはこの教師が自殺したという連絡をメールで知らされたのだが、どのような死に方だったのかは知らされていなかった。しかしホテルにあらわれた

*サザンクロス
南十字星。正確にはみなみじゅうじ座のこと。アクルックスは、この十字の下端にある。

*ヤコブの梯子
旧約聖書に登場する、ヤコブが夢で見た天使が上り下りするための階段。

教師の姿を見るとそれは水死だったのかもしれない。水のシェイプシフターはまとわりつく。異様にしつこく懇願していたのも水的だ。しかし水のシェイプシフターは、水の欲求の形をなくすまでを案内するという意味であり、ずっと水にしがみつくことではなく、それを手放すということに、その人の変容のプロセスが描かれている。たとえば現世に執着している何かがある。教師の場合は、フィリピンではよくあるらしいが、離婚して娘を残しており、娘はお金がないので行きたい学校に行けない。こういう場合、執着心は残る。だが水を手放すとは、死んだ者は死んだ者、娘は娘でしっかり自分で今後のことを考えなさいという姿勢になるだろう。日本では死者を悼んだり、墓参りをするが、これはあまりいい習慣とは言えない。死んだ後も縛るというのはどういうことなのかと常々思う。死者は「お願いだからほっといて」と言いたいのに。日本では共感を強制するので、これは水に対する執着心が強く、その意味では境界の小守護霊は、水類の化け物を用意して、水類の人々が館に入ってくるのを待っている。

恐怖の関門では自ら裁かれるが、関門を少し狭くするためには、より恐怖を強めるということも可能だろう。日本の怪談はからっとしたものが少なく、水っぽく、ぞっとするものが多い。その点では水の関門だが、そればかりを使うので、もっと違う元素のものも用意してほしいと思う。

わたしは現在執筆中のマンディーン占星術*の本で、2018年の6月から7月の時期の大量の殺人事件は、火星・土星・冥王星のパラレル*が原因と説明している。火星・土星は禁止、停止、成敗などを意味するのだが、冥王星は壁を越えてしまう効果を持つので、禁止・停止・成敗の行為が限度を超えて殺人になったりする。そしてこの時期に一気に7人も死刑にしたので、世界からこれがまさか日本なのかと驚かれた。成敗が死をもたらすという意味だ。さらに西日本での水害では、多くの死者が出た。多くが水の中に流される死だった。死の火星・土星・冥王星。そして水の元素のグランドトラインで水の中に広がる。

この場合、死の際に恐怖がもたらされるのは言うまでもない。境界線を越える時、そこに必ず境域の小守護霊の作りだした恐怖の門がある。フェイズ4の欲望を手放したものは恐怖を感じない。むしろ楽しさ、開放感を感じる。肉体的苦痛はどうなのかということだが、これは肉体感覚から離れてしまうとあま

＊マンディーン占星術
国家や集団を対象とした本来的な西洋占星術。

＊パラレル
西洋占星術において、複数の天体が赤緯がほぼ同じで重なっていることをあらわす。

り感じない。わたしは交通事故にあった時、足先が反対側になっており、わたしのそばに駆け寄ってくる人々に向かって、あるいは救急車で運ばれているときに、どういうギャグを言えばいいのかばかりを考えていた。複雑骨折に近いので非常に痛いが、痛いことから離れようと思えば離れられる。戻ってみたり離れてみたりしたが、そのつど痛くなったりまた無感覚になったりする。脳内麻薬説と同様な、痛みを感じると緩和するために快感物質が放出されるという考えがあるのだが、激しい痛みを感じる時には同時にすり替わるようにして楽しさがやってくる。

## 怒りの日

神が死者に裁きを与えるのも、この関門においてだ。人々はこの裁きの日に恐怖に打ち震える。日本の風習である十五夜のお月見は、帝釈天に「自分は罪を犯してはいません」とお祈りすることから始まる。満月とは、その人の行状がすべて記録されている帝釈天の鏡だ。お月見の道具だてである笹はオリオンをあらわし、団子はプレアデスを示している。

クラシック音楽では多くの作曲家が、モーツァルトのレクイエムを意識しながら、それぞれのレクイエムを作った。今わたしが原稿を書きながら聴いているルイジ・ケルビーニのレクイエムには、3曲目に『怒りの日』が入っているが、ガブリエル・フォーレのレクイエムには『怒りの日』が入っていないので、さんざん非難されたという。「死の恐怖が表現されていない」とか「異教徒的だ」という批判が多くなされたというが、フォーレはこのことについて1902年の手紙に「私には死はそのように感じられるのであり、苦しみより、永遠の至福の喜びに満ちている」と書いている。そもそもフォーレは音楽を霊的な世界を表現するものであると考えており、多くのリスナーには感覚的な刺激が少ないために退屈だと思われているが、わたしにとっては南フランス的な倦怠の中でだんだんと眠くなり、天国に向かっていくという気分を味わいやすい。メンタル界の力がやや弱いがそんなに少ないわけでもなく、アストラル界の濃度は高い。

フォーレのレクイエムは、『入祭唱とキリエ』『奉献唱』『サンクトゥス』『あアイエズスよ』『アニュス・デイ』『われを許し給え』『楽園にて』という構成で作られている。

ということは、フォーレの作品では関門がないのかというと、最初から至福の霊界に行ってしまい、フォーレがこの境域の小守護霊の関門でつき返されていないということでもある。しかしたとえば、アンドレ・クリュイタンスの指揮するパリ音楽院管弦楽団の演奏では、最初の『入祭唱とキリエ』『奉献唱』ではエーテル界に入った時の奈落に落ちた感じとか、そこで動物系知覚を発揮できなくなり、重苦しい底で蠢く印象というのがよく伝わってくる。折口信夫の『死者の書』に描かれた「ひたひた、しとしと」いう重い実感は、エーテル界の重圧だ。動物系知覚から植物系知覚に切り替わると、急に開けたものとなるのだが、クリュイタンスはそれをとてもよく描いている。他の演奏者では、これがあまりうまく表現できていないように見える。

それぞれの人が、境域の小守護霊のところで「自分の逆像」を見て、それぞれが裁かれるが、中には関門があったことさえ知らない人もいる。関門のことは気にしない。そんなものは考える必要がないというのは、比較的アメリカ的な考え方ではあるが、通り抜けられなかった死者がその場所でそのまま関門機能になる。つまりやってきた新参者を誘惑し、門の前に留めようと手ぐすね引いて待っている。ある人が体外離脱した時、長いトンネルを移動していて、このトンネルの壁にはびっしりと人がいて、いっせいに手を伸ばし、自分を捕まえようとしているという光景を見ていたそうだ。捕まると、そこに居続けなくてはならない。これは小腸の繊毛のようにも見えるが、長いトンネルを抜けるとお花畑があったという光景も、この移行過程を示している。自分はどうなのかということは入眠時に判明することが多い。入眠時は最高のイベントだ。

## ロゴスの領域

グルジェフの言う高次な思考センター、あるいはメンタル界、あるいはフェイズ1はロゴスの領域と考えてもよいが、ロゴスはあまりにも幅広い意味があるので、なかなかわかりにくい。万物の流転の中にあって、軸になるような不動の要素と考えてもよい。しばしばロゴスはミュトスと対比して語られる。ミュトスが神話的な物語やイメージだと考えてみると、それを生み出すもとになる骨のようなものがロゴスだ。物語は言葉を綴ることであり、するとその言語というものをロゴスというふうに対比してみてもいいかもしれない。

エニアグラムは9つのダイアルが、7つの躍動を作り出した。動物系知覚がその身体の内部に内臓として植物系知覚を持っているのならば、エニアグラムで外の壁に描かれた9は動物系で、内部の7つの躍動である142857は内臓系・植物系のものかもしれない。だが、もちろんこれはエニアグラムが物質界に適用された場合の構造であり、物質界ではこの内部の法則が上昇するための〝感じるエンジン〟として働くことになる。しかし本来のエニアグラムは、メンタル界とアストラル界の関係を示していることにもなり、外の9つの数字のどれかひとつを選ぶと、そこから内部的に7つの躍動が発生すると考えられる。ただし3と6と9だけはこの7つの法則に従わない。

全宇宙は、7つの全太陽意識を作り出す。全太陽意識は7つの太陽を作り出す。ひとつの太陽は7つの惑星を作り出す。ひとつの惑星は7つの月を作り出す。

ひとつのものが7つに分かれるプロセスの最初は二極化・二分化だ。この極端に離れたふたつの間を埋めるように7つのグラデーションが生成される。二極化とは対立であり、そこに激しい落差が生まれてくるが、この2点間はそのままでは渡れない。そこで、この大きな段差の間に7段の階段を作ったと想定するとよい。すると7つを昇るとそのまま次の次元に至るのかというと、グルジェフの思想では、7つの音にはミとファの間、およびシとドの間にそのままでは渡れない隙間があるので、外部の力を借りないことには上がることができない。この外部の力とは、より上位の次元の力であり、ミとファの間には2番目のオクターヴの介入が必要だ。エニアグラムの図式そのもので考えてみると、ミとファの間には2番目のオクターヴが介入する。しかしこの2番目のオクターヴにもまたミとファの隙間があり、ここでは3番目のオクターヴの助けが必要となる。そして3番目のオクターヴのミとファの間には、4番目のオクターヴの助けが必要で、たまたまというか、この3番目のオクターヴのミは、1番目のオクターヴの自力では上がれない場所のシの音と重なる。そこに、一緒に4番目のオクターヴの基音ドがショックをかけることで、1番目と3番目のオクターヴは上昇する。

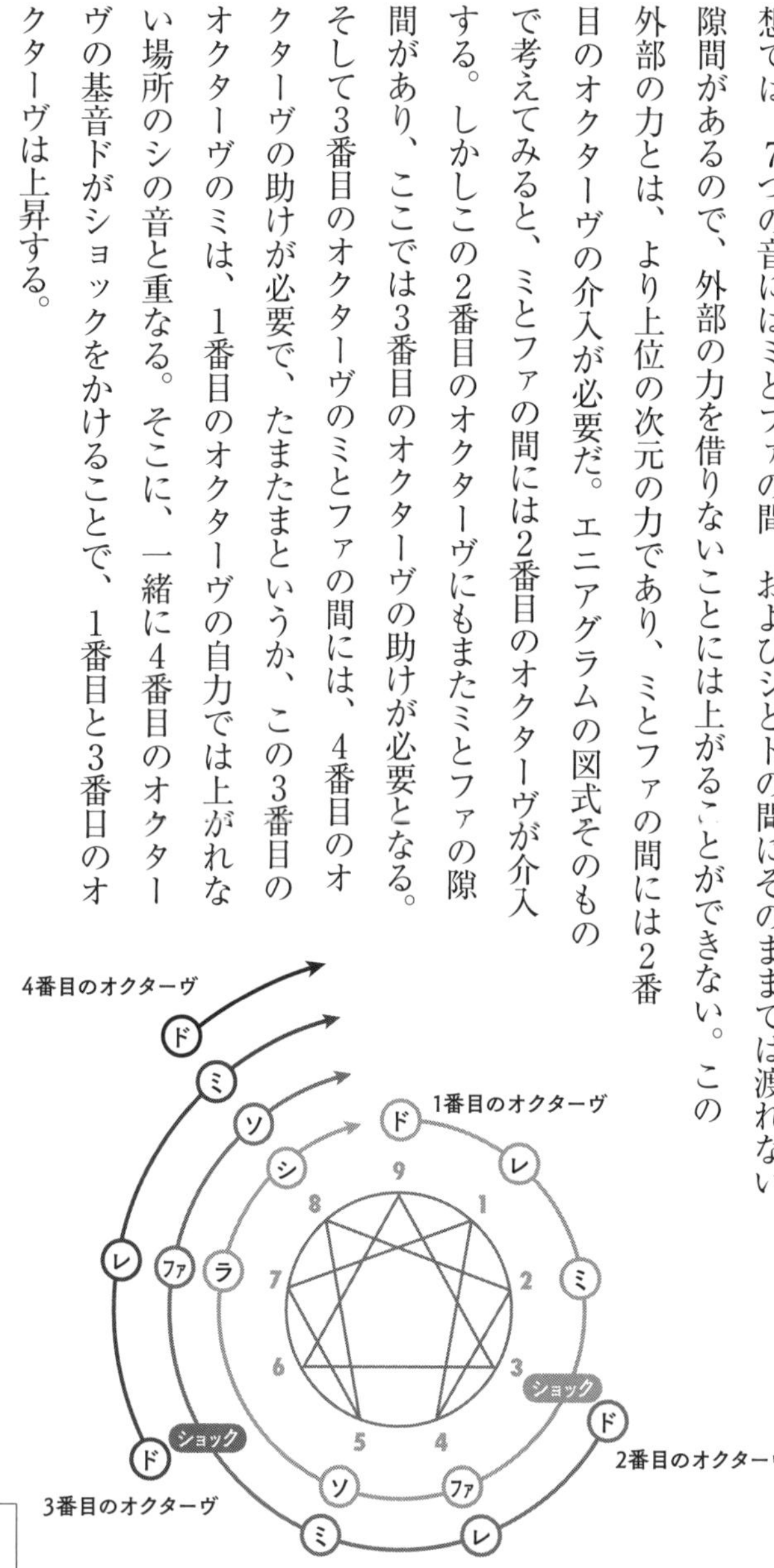

この1番目のオクターヴを物質体＝フェイズ4と考えてみると、2番目のフェイズ3はエーテル体。次に3番目はアストラル体とあてはめることも可能かもしれない。アストラル体のミの音は、4番目のメンタル体によって補填ができるが、同時に、2番目のエーテル体は、すでにミの音が埋まったのでそのまま進展することができ、次の限界点シまでの余裕があり、下でとどまっている第1、第3のオクターヴの各々のミ、シを埋めることができる。

シュタイナーは、アストラル体が地上的な欲望に熱中したので、この降下したアストラル体のかわりに、エーテル体が上位の役割を果たすようになったと言った。わたしはメンタル体を上位エーテル体と同じものだと説明したが、正確には、上位エーテル体は余力のある第2オクターヴであり、メンタル体が下位の次元に対して無関心で助ける気がない時には、それに代わって上位エーテル体が、第1、第3オクターヴ、すなわち物質体とアストラル体を助ける。

## 高次な意識は多様性を生み出す

物質体の進化をエーテル体が助ける。エーテル体の進化をアストラル体が助ける。それはアストラル体がより低い次元に関心を抱き、降りてくる力がそのままエーテル体を進化させるショックになったからかもしれない。アストラル体の進化を、かつてアストラル体に助けられたエーテル体が助ける。上位エーテル体はアストラル体を助けることが可能だが、そもそもロゴスとしてのメンタル体は下界に関心があまりない。関心はないがそこにまとわりつく上位エーテル体は十分に親切だ。

メンタル界のロゴスとしての言葉のひとつは7つに連なること、あるいは7つに内部分解することで、フェイズ2のミュトスとしての文脈、アストラル体に変わるが、これがイメージ化された7つの神話・元型的な姿だと考えるとよい。上にあるものが二極化すると、下では7つの階段になるので、7つの神話的動物に変化する。わたしの夢に出てきた、わたしよりも大きな身長の九尾の狐はアストラル的な元型なので、いまどこにいるのかと問うことはできない。それはどんなところにも出現する。そのため、わたしのところにいたと言っても、それはわたしと特別な関係があるからだというわけではない。もしこのアストラル元型が物質的な姿になり、特定の時空間にしかいられないようなはかない存在となれば、玉藻前のように岩に閉じ込められ、それは確かにわたしのところにいて、ほかのところにはいないと考えてもいいかもしれない。

わたしのところにいたのは、現世的なわたしのところにいたのではなく、わたしのメンタル体に従属の意向を示したのであり、わたしのメンタル体のまわりをぐるぐると惑星のようにめぐり、その関係性はわたしのアストラル体と狐のアストラル体との間にある神話的物語に応じて進行する。

わたしのそばにはいつも金毛九尾の狐がいる。恒星で言えばアルゴル[*]だ。恒星はメンタル界のものなので、アルゴルの7つの分身のひとつが金毛九尾と言えばいいだろうか。となると、わたしのメンタル体はアルゴルなのかという話になるが、それは全太陽意識としてのグレートセントラルサンのうちのひとつであり、つまり、もしわたしが全太陽意識で生きているのならば、アルゴルは7つの属性のうちのひとつになり、わたしはアルゴルではないということだ。

恐怖があるところどこにでもアルファァードがいる。スティーブン・キングが仕事している時には、必ずそばにアルファァートがにやにやしながら立っている。同じように、ヘミシンクをする全員のところにロバート・モンロー[*]は出現

*アルゴル
ペルセウス座ベータ星。

*ロバート・モンロー
Robert A. Monroe。1915～1995年。ラジオ番組のプロデューサーとして成功後、睡眠学習教材の開発中に偶然にヘミシンクの技術を発見する。

する。ブルース・モーエンのメソッドを学習する人のところには必ずブルース・モーエンがいる。QHHTをしているところには必ずドロレス・キャノンがいる。お遍路さんのそばには必ず空海がいる。もしいないとしたら、その存在には、フェイズ4らしい特定の欲望があり、それが身動きさせなくしているために普遍的元型に戻れなくなったということだ。

牡牛座の思考感覚や双子座の言語感覚を使うと、彼らが何か言うのを聞くことができる。ロバート・モンローがある日、わたしのところに助手の女性と一緒にやってきて「松果腺をいじるがいいか？」と聞いてきたが、その1週間後にこれとそっくりの内容をブルース・モーエンの本で読んで驚いた。たぶんこのお決まりのルーチン的な型は、たくさんの人のところで再演されているのだろう。しかし映画の同じシーンを見ているようにではなく、その人に応じて対応が変わるはずだ。というのも、これはその人の脳によって翻訳されていくので、その人の知性に応じて変化するからだ。

モンローの言葉はいつも同じではないので、いつも同じ圧力だとしても、その人との関係性で変化していく。ということは、モンローが変化させているのではなく、人間との関係で変化していく、つまりこの関係性に二極化法則が働くという意味だ。つまり高次な意識は多様性を生み出すということなのだ。

稲荷神社では、稲荷大明神の両脇に稲をくわえた狐が随行しており、この場合、稲荷大明神がメンタル体で、狐がアストラル体だ。その構造からすると、神社の御神体に対して、必ず動物としての眷属（けんぞく）があるから、この眷属はアストラル体であると考えてもいいかもしれない。アストラル体は、メンタル体へ向かうための案内者であり、つなぎでもあり、理屈としてはひとりのメンタル体に対して、7つの眷属があることになる。わたしが神社に行く時には、事前に眷属がやってこなかった場合はその神社はわたしを招待していないとみなす。伊勢神宮に行った時には、ヘミシンク中に空中に巨大な金鶏（きんけい）が出てきたし、厳島神社に行った時には直立するワニが出てきた。ときどき、眷属は物質的な動物をミツエシロ（御杖代）に使うので、出雲市の松尾神社ではバッタが出てきたりする。

ひとつの恒星はひとつの文字にたとえられる。この文字は霊界文字だ。地上には神代文字や霊界文字は存在しない。あるとしたら劣化した残骸文字だ。

ジョン・ディー*は水晶球透視でエノク文字を手に入れたと言ったが、表記した段階でそれはたちまち残骸になる。アストラル体のかわりに、上位の場所に移動してきたエーテル体の網目を結ぶ記号である文字は、線と線を結んで、この空白にアストラル体を作る。8つの文字を連結すると特定のアストラル界のプロトコルが作られる。

先述したように、わたしは愚者のカードのパスワークで、宇宙空間を船で旅するということを体験したが、その時、どこに行くのだろうかと思った途端、一言「アンタレス」という説明が入った。そしてその先に9つの区画の場所が見えたが、これは八つ辻ということで、越境の神、サルタヒコ*、メルクリウス*でもある。アンタレスはいくつかの宇宙の切り替えに使われる交換器のような役割で、そもそもアンタレスの意味は、死と再生を司るというものだが、それはある宇宙を死なせて違う宇宙に再生させるということだ。ヘルメス*は、異次元に移動するということにひどくこだわっていたので、これはまさにアンタレス星人だと考えるとよいのだと思われる。ただしアンタレス星人と考える時に、それは神話元型次元の上にあるものなので、そこに物語があるとは考えにくい。

*ジョン・ディー
John Dee。1527～1608年。イギリスの錬金術師、占星術師、数学者。エノク文字はジョン・ディーが啓示を受けたという天使の言葉のこと。

*サルタヒコ
猿田彦。『古事記』『日本書紀』に登場する神。天孫降臨の時に、天照大神に遣わされたニニギノミコトを道案内した。

*メルクリウス
ローマ神話の商人の神で、旅人の守護神でもあった。

*ヘルメス
ギリシア神話のヘルメス神と、エジプト神話のトート神が合体したヘルメス・トリスメギストスのこと。このヘルメスが語ったとされる古代哲学を記録するのが写本「ヘルメス文書」。

始源的記号存在とみなすとよいのだ。

## 楽園に閉じ込める

エニアグラムの9つの領域はメンタル界的であり、これを1割る7で分解した142857の領域がアストラル領域であり、物質界ではこれが逆転して、外側の1から9までを動物系知覚に対応させると、内部の線の動きが躍動する7法則になり、また植物系知覚になる。

そしてこの7つとは〝感じる〟〝気持ちいい〟という領域だが、9には〝感じる〟〝気持ちいい〟というものがない。メンタル界には〝感じる〟とか〝気持ちいい〟というものがなく、認識する、自覚するという性質がある。ソフィア（ソピアー）は、イエスが階段を上る時に自分も連れて行ってほしいと言った。しかしソフィアは連れて行ってもらえなかった。これはソフィアがアストラル界の生き物であり、ダキニであるからで、本性がアストラル界なので、そこからメンタル界には行けないのだ。〝感じるエンジン〟を持つ存在は、それ自身の重みによって浮上できない。浮上したかったら、感じることで世界を認識する荷物を捨てなさいということになるが、するとソフィアの性質そのものが消えてしまう。

高次な感情はH12で構成されている。これは感動し、崇高な気持ちに打たれることだ。身体が生産する最高の物質である性センターの力は植物の花を象徴とするが、これもH12であり、これはエクスタシーを感じるものといえばいい。性センターが誤解されるのは、このエクスタシーが男女の性的交流でしか得られないと思い込まれているからだ。これは二極化されたフェイズ4世界特有の性質で、フェイズ3にまで割り込むと、この男女二極化がいつのまにか消えてしまう。エクスタシーと男女の交流はほとんど関係がないと見てもいい。

エニアグラムで考えてみると、たとえば、男性は数字では1・4・7で、女性は2・5・8のグループで考えることが多い。エニアグラムのような複雑な数字を描くのでなく、単純に9の図形とは、単独の1・4・7の三角と、2・5・8の三角と、3・6・9の三角が組み合わさったものなのだ。エニアグラムの内部図形では、この男性三角と女性三角が、4と5の部分で入れ替わる。男性的なものはいつのまにか女性的になり、女性的なものはいつのまにか男性的なものにすり替わる。〝感じるエンジン〟は活発に機能すると、いつのまに

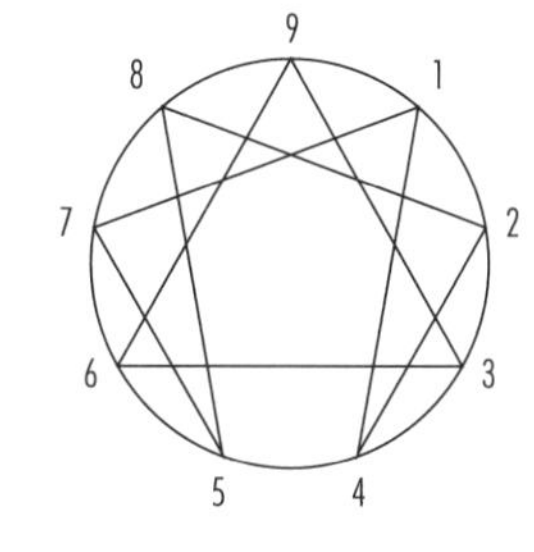

か男性的要素と女性的要素が混じってしまい、どちらでもなくなってしまうか、あるいは自分の中で男性になったり女性になったりするということだ。

地上では、この男性と女性の役割は比較的固定的で、男性は男性らしく、女性は女性らしくなろうとする。フェイズ4の世界は二極化の世界なので、このふたつの配役は固定的になるのだ。配役を固定的に決めることで、決して上昇しないように決意したかのようだ。この役割に自己同一化すると、エニアグラムの内部エンジンは停止したままになる。するとどこにも上昇の架け橋がない。

## 輪廻という遊園地

このエニアグラムの外円と内部の動きは、クラインの壺に例えられるものだろうか。それは少し難しいかもしれない。でも表にあるものはいつのまにか裏に、裏にあるものはいつのまにか表にというクラインの壺の運動の仕組みは、エニアグラムの内部の動きに似てはいる。

アルシオンは、自分の中に二極化された太陽が輝く楽園H12世界、タカマガハラを作り出した。この中では感じること、喜ぶこと、感動することが至上のものであり､そこから転落すると痛みを感じる。神話元型に浸された人を「包まれた人」というが、それはメンタル界の言葉のイメージ化であり、生き方や存在性、肉体さえもが、法則で貫かれて統一されている。体験することはすべて神話記述に沿ったもので、そこから逸脱することが不可能なのだ。この統一性は、逆に下界での多様性を作りだす。統一されたものは、多数のものと接触した時に、その接触した各々との差成分によって異なる様相を呈するからだ。神話元型的要素から少しでも足が出たりすると、この足はひどく痛む。痛みは分離意識であり、足は楽園から追放されたということだ。自分の神話個性とは異なるものに転落したか、異なる勢力に影響を受けてしまったかということなのだ。

人間は理想的には、フェイズ1から4まですべてが発達したほうがよい。わたしはメンタル体が未発達で､アストラル体までしかない人を〝色かぶり人間〟と呼ぶし、どんなことを説明しても、感情が偽装した思考によって受け止めるので、最後のところは理解していないことがわかる。最後の最後のもっとも肝心なことが理解できないのだ。芯のない肉だけの存在といえばいい。そういう人の目を見ると、この中心の芯がないことがわかり、目が泳いでいるか、笑っているかのように見える。芯が通ってしまうと、色かぶりが消えて、もやもやが晴れる。そして感じることを止めることができる。思うことも止めることができる。この思うこと、感じることを停止できるということがもっとも大切なのだ。

この高次な感情で振動している存在を吉祥天と読んでもいいかもしれない。確かに楽園とは天国なのだから。吉祥天は美と幸運と繁栄と豊穣をもたらす神と考えられている。また、アーリア人がインドに侵入する以前の先住民の女神である（先住民ごとに多数の女神がいるが）シュリー・ラクシュミーが吉祥天だとも言われている。

感じることを捨てられないのならば自力ではメンタル界には行けないが、メンタル体、あるいは上位のエーテル体は、これを進化させることができると説明した。ソフィアをメンタル界につれていけないのは、それがソフィアだからであり、人間は

◀吉祥天（右）とシュリー・ラクシュミー（左）

ソフィアではないので、４つの世界のすべてに行き渡ることができる。メンタル界意識は、降下する時にアストラルの感じるボディを身にまとう。文字を囲み、空白を作ると、この中では膜ができて、それを叩くと喜び打ち震える振動が発生するというイメージかもしれない。

アストラル体は、作られたグリッドの中をあちこち転々とできるが、反転させて考えれば、トータルなアストラル体に戻るには、それぞれの区域の電線に捕まってしまったアストラル体を回収して元に戻すとよいということになる。ひとつのものが７つに分岐するのならば、７つの人生を体験すれば、元のアストラル体に戻れる。この輪廻は、遊園地であちこちのブースに移動するようなもので、全部体験すると遊園地から追い出される。これは太陽系の中で、いろんな惑星を転々と体験することを示しており、タロットカードで言えば［10］運命の輪の中の７つの輪を体験することでもある。

## アストラル界とヨッパライ

わたしが中学生の時に聴いて妙に感動してしまった歌がザ・

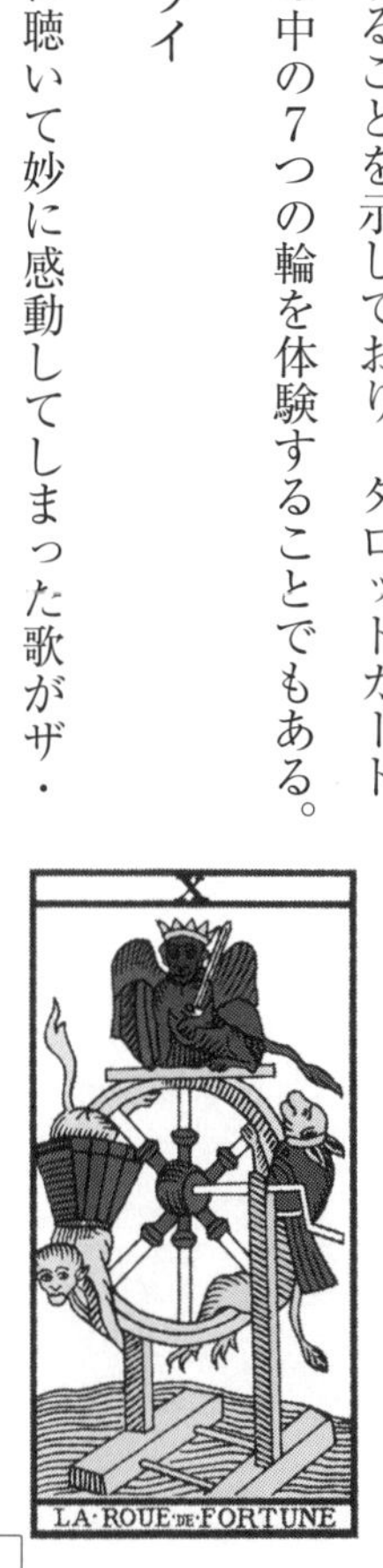

フォーク・クルセダーズの『帰ってきたヨッパライ』で、わたしの琴線のどこかに触れた。飲酒運転で交通事故を起こして死んだ「おら」は長い雲の階段を通って天国へ入る。しかしそこでも酒を飲み、きれいなねえちゃんと浮かれていたので、怖い神様に追い出された。わたしがどこに反応したのかというと、テープの高速再生にオーバーダビングした声を重ねているのだが、あちらの世界が甲高い声で再生されているところかもしれない。酒ときれいなねえちゃんは、天国にいるというよりも、そこに案内する道すがらにいる。どこかの駅を降りると、そこにずらっと派手なネオンの歓楽街があるようなもので、これもある意味アストラル界の性質を表現している。現代ならば、このヨッパライが行った場所にはカラオケもあるのかもしれない。加藤和彦が作曲したころには、そもそもカラオケというものがなかった。この歌では、ヨッパライは気持ちよさを捨て切れなかったので、追い出されたのだが、メンタル界にはそもそものヨッパライは合いそうにない。アストラル界は、ずっと気持ちよさが続くので、このヨッパライはそこにいればよかった。

平家は滅びる時に水に飛び込んだ。儀来(にらい)は、海の向こうにあるニライカナイ*

*ニライカナイ
沖縄や奄美群島などに伝わる理想郷、神界などの異界をあらわす。漢字では「儀来河内」と書く。

だが、日本では竜宮城のことでもある。入眠時、あるいは体脱する時に、キラキラする海原を見る人は多いと思うが、これは入水解脱の方向で、わたしは千葉県の竜宮城スパ・ホテル三日月に宿泊した朝、この場所がキプロス島と同じ赤緯というのがきっかけになり、*ダスカロスと自分がツインであるという夢を見た。互いに根が同じ場所からラフランスのようにぶら下がっており、互いに関心がなかった。あいかわらずダスカロスは白いランニングシャツを着ていたが、こういう夢を見たのは、つまりアストラル界でどうなっているのか仕組みを見たからだと言える。アストラル領域で、わたしはダスカロスとツインなのだ。現世的にと誤解しないでほしい。元型的な意味でのことだ。夢の中では互いに無関心だったが、メンタル界、アストラル界では互いに無関心であることが多い。というのも本性を発揮するというのは自分のすることに忙しく、他に関心を抱くことがほとんどないからだ。地上世界においても、メンタル体、アストラル体が発達している人は、まず他者やほかのことに関して無関心になることが多い。

　フェイズ2とフェイズ1の間には境域の守護霊は必要がない。ただし、もっ

＊ダスカロス
１９１２～１９９５年。スティリアノス・アテシュリス（Stylianos Atteshlis）が本名で、ダスカロスは通称。生涯の大半をキプロス島ですごした思想家、神秘家、ヒーラー。『エソテリック・プラクティス―キリストが遺した瞑想法とエクササイズ』などの著書は弊社より刊行されている。

とも大きな無の壁、二極化太陽と真実の太陽の壁があるのだが。そこでは恐怖などを感じる作用を伴うことはない。メンタル界に行けない人は、たんに荷物が重いだけで、それを捨てるとメンタル界に向かう浮力が出てくる。H12・H48・H192の神の子羊は、H12に食べられている。これはH12の楽園の腹の中にいるということであり、小天使はH3・H12・H48で作られている。つまり楽園が重心になっているのは小天使であり、哺乳動物、脊椎動物としての人間は、高自我が楽園の腹の中にいて、中層重心はそれよりもずっと重いH48に住んでいるので、楽園に包まれるというわけにはいかない。世知辛い世間に住み、そこでは不和と戦争と対立と誤解が横行し、しばしばH96に突き飛ばされ、また舞い戻りということを繰り返している。そしてH192を食べているので、物質しか見ることができない。

## 7つの階段と12の感覚

〝感じるエンジン〟の推進力で行きつくことができるのはH12の楽園なので、フェイズ4の世界でH12成分をもっと摂取するのがよいし、それは芸術活動などにも大きく関係する。また身体組織の中でH12をどんどん太らせていくことを続けると、重心は移動しないが、楽園を感じることが増えてくる。7つの階段の一番上は次の次元に接続されているのかというと、この二極化が解消されれば、そのまま次の次元には至る。二極化の解消とは、この7つの梯子を撤去することであり、これは退路を断つことに等しいので、行ったり来たりを試みることはできない。7つの縦の階段は、横では12の感覚に分解できるもので、シュタイナー式の考え方では12とは7が形骸化したものである。つまり、12の感覚に依存することは、7つの階段を上がることに怠慢となるとも言える。12の感覚を使うことはその世界を楽しむことでもあり、そのために7つの階段を上がることを思いもしなくなるということだ。

わたしは最近は思考感覚を活用することを好んでいると書いたが、そのために低次の思考感覚を使う頻度がどうしても減ってしまう。たとえば夢の中で概念がやってくることにくらべれば、地上で本を読むということは内容としては低速で、どうしても退屈に感じてしまうのだ。本の中で著者が本当に言いたいことはだいたい3パーセント程度だなどとよく言われる。だからこの3パーセントをうまく拾うことができたら、本をじっくりと全部読む必要がないのだということが、速読を弁護する理由にもなったりする。しかしじっくり読まないと著者の意図が伝わらないことはよくある。著者は言葉を羅列して、遠まわりをしながら意図を表現しようとしているので、表面的な字面を点検してもそれは見つからない。

映画やドラマは、時間の進行の通りに見ていなくては話がわからない。一方、夢の中での概念伝達は瞬間的なものなので、1秒すら必要がない。その微妙なニュアンスはゆっくりほどくと確実に再現できる。

12感覚のうちのひとつである思考感覚が、このように次元シフトしてしまうと、それに応じてゆっくりと他の感覚もその水準に並ぶように調整はされる。たとえばわたしのいま頻繁に活用する思考感覚にあわせた視覚とは、この概念を説明するために補足的に映像が出てくることだ。映像から概念を引き出すこともあれば、概念から映像を展開することもできるので、これは共感覚とも言える。12感覚を7つの階段を使って次の次元にシフトさせようとした時、余計な足を引っ張りやすい感覚が5つあると考えてもいいかもしれない。この5つを捨て置いても、上位の次元にシフトすると、その次元で残りの5つの感覚がその次元にあわせて再生されていく。

でもこの5つの感覚は余計なもので、その特有の次元にとどまることを維持するためのものと考えてもいいかもしれない。5つは防衛の印とよく言われるが、五角形は五稜郭とかペンタゴンとか、独自性を守るものとして使われる。それは異なる次元と関わることを拒否するものと考えてもいいかもしれない。どの感覚がそうなのかということは言えない。それはどれでもいい。7つを揃えると、自動的にそれが形骸化するにつれて、残りの5つが備わる。12は横を揃えるためにあり、7は推進すること、上昇することのためにあると考えるといいのかもしれない。12は斜めになることに抵抗するが、しかしあえて斜めにすると、それは7つに変わると考えてもいいのかもしれない。占星術の場合、古典的には惑星は7つしかなかったので、12サインと対応させる時に、牡羊座と蠍座に火星、牡牛座と天秤座に金星、双子座と乙女座に水星、蟹座と獅子座だけが月と太陽というふうに占有させ、射手座と魚座に木星、山羊座と水瓶座に土星を割り当てた。7つは上下にバウンドするが、12はいったん横たわると死んだように動かない。それはわたしたちが感覚を使い始めると、特定の世界に縛られ、それ以外どこも想像もできなくなってしまうことに関係する。12感覚から7つに移動するとは、感覚を使わなくなるか、あるいは感覚を使っても、それをあまりあてにしないで非感覚的なものを受け取ろうとする行為だ。

ずいぶん前の専門学校で教えていた時のことだが、小説家養成クラスの先生が生徒に「映画のシーンのようにありありとイメージが思い浮かぶように書け」と指導していたことを、一度わたしは批判したことがある。イメージをありありと思い浮かべるというのは下品だと言ったのだ。たいていそれは使い古されたものを流用することであり、そんな使い古しを創作と呼ぶのはおこがましい。イメージでは決して想像もできないことを書くのが本当の創作なのだと主張したが、いま思うに、これは極端な主張に違いない。わたしが主張していたのは、12感覚から引きはがして、7つを抽出することを主張していたのだと思う。12感覚のひとつひとつにこだわらないようにするということは、視覚イメージにしがみつかないようにするということでもあり、表現はどれかの感覚に対応しているように見えるが、どの感覚にも特定できないものにしていくことだ。たとえば思考感覚も、隣の双子座の言語感覚と行き来する必要はある。言語は言語そのもので単独で成立しえない。それは思考の概念を説明するためにあり、また蟹座の聴覚にしてもそれは違うことを表現するために使われる。12感覚は7つのものを伝えるためにあり、12感覚それぞれが独自の意味を持って存在するものではない。だが、12感覚の上に横たわり、怠慢になることは、この感覚の独自性なるものをはからずも主張することと同じだ。

7つは上下にあり、この7つに貢献する12は横たわらずに斜めになる。そしてひとつの感覚にとどまることなく、上がったり下がったりする。

## オリオン文字

グリッドを張り巡らせたエーテル領域は、植物の密林のようにも見える。この密林は宇宙の果てまで続く。ということはフェイズ3の世界を象徴的に森と言ってもいいのではあるまいか。町がある平地では、この森の木を伐採して大地がむき出しになる。鉱物を借りたものが物質界のフェイズ4であるから、これは平地に作られた町を象徴とするとよいのではないか。

エーテル網のラインとラインが囲む空白の中にアストラル体が降臨し、このひとつのアストラル体が地上的な欲望に夢中になり、フェイズ4を形成するが、下位のエーテル体とアストラル体の関係は、上位のエーテル体とアストラル体の関係と鏡関係にあるかのように似ている。上は骨組みを組んでアストラル体を作り、下はアストラル体が降りてくる舞台のリングを作っている。

シュタイナーはオリオンを渦巻きがふたつ組み合わさった蟹座の記号で表記した。これは中国の陰陽魚（いんようぎょ）の図にも似ている。これは融合のマークだと説明したが、反対の意味も生じる。渦は自分をほどいて細分化の方向にも向かうのだが、これは蚕の繭から糸をほどいているようにも見えるからだ。

しかし霊界文字を使ってアカシックリーディングをするシュタイナーにとっては、たんにこれは記号化したものではなく、オリオンを示す記号の片鱗を提示していると言える。本来霊界文字は公開してはならないので、断片や片鱗を提示することが多い。公開してならない理由は、フェイズ4領域で形にすると、直後からそれは嘘になるからだ。フェイズ4では意味というのは常に二極化され、表と裏に分離するので、象徴の意味をトータルにあらわすことがほとんど

▲陰陽魚

▲蟹座の記号

できなくなってしまうのである。

シュタイナーが示した蟹座の記号は、なんらかの形で変形させると、それはオリオンを直接示す文字になる。江の島のオリオン三つ星を示すミツウロコ*も ある程度関係すると考えてもいいだろう。オリオンは創造の坩堝（るつぼ）なので、これを反対回しにすると融合になる。創造の記号は世界共通で、たいてい三角形だが、これは形を意識する目線で整形したものであり、根源的な意識から見ると、このようなきれいな直線では描かれない。イデアとしての三角であり、形としての三角ではないのだ。「その違いはどこにあるのか？」と聞かれそうだが、フェイズ4意識で見るとこの図形は無機的な形である。しかしフェイズ3意識で見ると、それはアストラル体を降臨させるリングとなり、そこには強烈なエーテル体の力が働き、いわば引き寄せる磁力で作られた形になるのだ。フェイズ1意識で見ると、その記号を体現するアストラル体を生成する創造的源流になる。フェイズ1は何でもひとたび思い描くと、何かを創り出してしまうのだ。

江島（えのしま）神社の縁起については、江島神社のホームページには次のように書かれている。

*ミツウロコ
神奈川県藤沢市江の島の江島神社の社紋はミツウロコを波形の模様で囲んだもの。

《『太平記』によれば、建久三年（1190年）鎌倉幕府を司った北条時政が、子孫繁栄を願うため江の島の御窟（現在の岩屋）に参籠したところ、満願の夜に弁財天が現れました。時政の願いを叶えることを約束した弁財天は、大蛇となり海に消え、あとには三枚の鱗が残され、時政はこれを家紋にしたと伝えられています。》

波の中にある3つの三角形は、少なくともオリオン三つ星の記号の片鱗を示している。実際はこれをもっとシンプルにした記号なのだが、地上的には必ずローカライズされるので、複雑なエンブレムにはなるだろう。

三つ星のひとつのミンタカ族は、*ギリシャ時代ごろまでは地上にいた。しかしそれ以後、次々と神々は地上から去り、今ではほとんどいない。その時代では、地上に住む人々はエーテル体の視覚も持っていたので、ミンタカ族を視覚的に認識することができた。太陽神信仰すなわちH12の楽園を超意識とする人類は物質しか見えないので、ミンタカ族が地上から去ったのではなく、人類のほうが脱落したのだと言える。

*ミンタカ
オリオン座デルタ星。オリオンの三つ星の一つ。

## オリオン三つ星と女子

シュタイナーも、ほかのアカシックリーダーも、この記号については決して明かさないのだが、形にすると劣化するというだけではなく、そこに入る準備のできていない人がこの文字の正確な形を知ってしまうと、両方が汚染されていくという理由もある。押し付ける者、しつこい者、侵入者に対してはきっぱりとノーと言わなくてはならない。ケルビムはこのための剣を持っており、それは侵入者を切る。金属はもっとも振動密度の低い、物質密度の高いもので、この刀で切られると金属の下にある無限の領域に転落する。痛みを感じるというよりも痛みさえ感じられないような分断がなされていく。

わたしはオリオンの文字をじっと見ていると、その恒星に引きずり込まれる。ここで少し手がかりを残すと、弁財天は3人の女性で、これは「女」という漢字に近い。三人の女性が手をつないで囲んでいる。スタンダールは女性は誰かと結びつくことが本性であると言う。ということは女性は金星的であるということだが、水の三女神サラスヴァティー*はタロットカードでは、「杯の3」のカー

*サラスヴァティー
ヒンドゥー教の水の女神で、日本では弁才天になった。弦楽器を持っているのも弁才天と同じ。

ドがあらわしているだろう。
　ただここで地上に住む女性を思い浮かべるとすでに脱線する。フェイズ3以上では、地上的な意味での男女の分岐はない。その上で女という概念にはオリオン三つ星の意味が含まれている。そのため、地上にいる男性でもこの影響の下位存在である人もいるし、もちろん女性にもいる。シャーマンでもっとも有能なのは女装した男子だが、こうした存在はわりにこのオリオン的なものに近い性質でもある。
　オリオン三つ星は創造の神なので、子どもを生む。「女子ども」あるいは「女子」というのは、オリオン三つ星が創造した世界を含むことになる。前述したようにシュタイナーは蟹座記号を融合の印のオリオンだと説明したが、創造の逆転は融合で、たくさん作った世界が元へと回収されていく。シュタイナーが説明した記号は、生めよ増やせよという弁財天の反対位相、暗闇天女あるいは脱衣婆（だつえば）、貧乏神を表記したものだ。あらゆるものを鳴門の渦に吸い込んでいくのだが、渦に飲み込まれることを途中で食い止めるかのように、横に梁を刺すと「子」という文字になる。この梁とは*天之尾羽張（あめのおはばり）としてデネブ*をあらわして

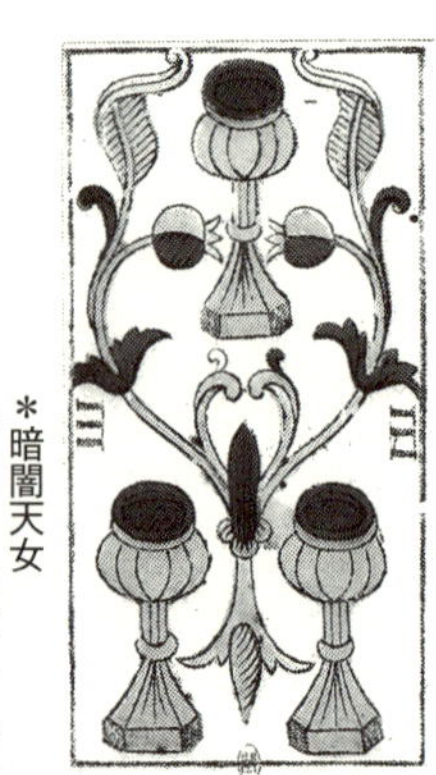

*暗闇天女
黒闇天とも呼ばれる弁財天の姉で、吉祥天の妹。闇や災いを司る女神。

*脱衣婆（だつえば）
三途の川で死者の衣服を剥ぎ取る老婆の姿をした鬼。

*天之尾羽張（あめのおはばり）
イザナギが持っている神剣。これでカグツギを斬った。

*デネブ
白鳥座のアルファ星。

*フォーマルハウト
南魚（みなみのうお）座のアルファ星。

いる。たとえるならば、デネブは集まった子どもたちを育てるために学園を作り、それがネバーランドのようになるとフォーマルハウト*の出番となるというわけだ。

## 話してはならないこと

「どの恒星に行っても必ず文字がもらえるが、それを人に教えてはならない」と、恒星探索講座でわたしは言ったのだが、この文字を収集すると、エノク語のように19個集まることになるだろう。そしてこのうちいくつかを8つ並べると、特定の星雲界を示すことになる。エーテル線を結ぶ注連縄（しめなわ）の記号8つがとり囲んでできた空白に、たくさんの色とりどりのアストラル体が作られていく。さらに、このうちのひとつが地上的欲望に取り付かれて移動できなくなった後に、そこから動けないように、さらに固定金具のように岩と鎖を身にまとうことになるが、紙に文字を描くことは、植物H48・H192・H768に貼り付けることで

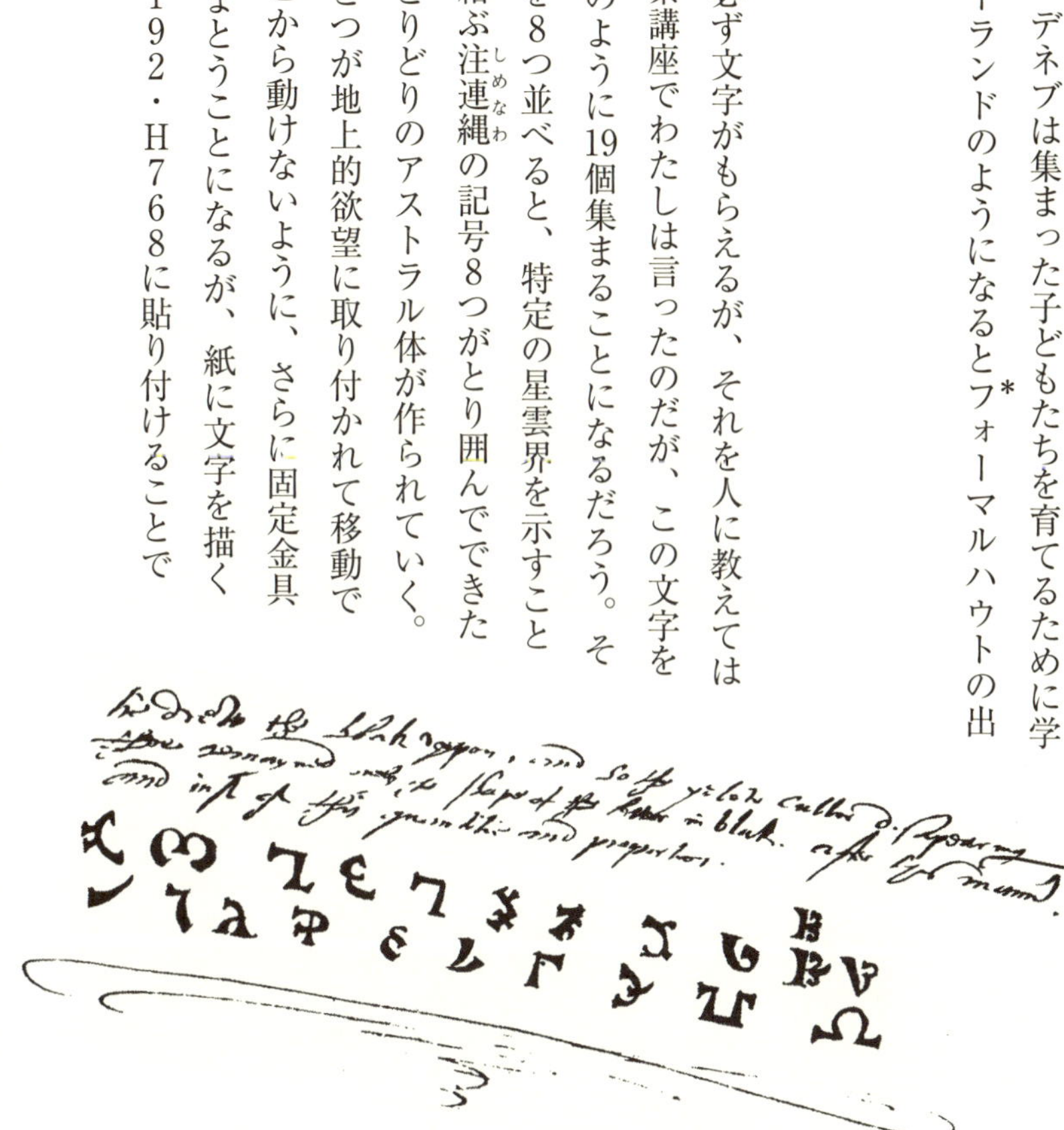

▲ジョン・ディーの日記に書かれていたエノク語の文字。

もある。紙に文字を書くと文字は死ぬと大げさに考えなくてもいいとは思うが、口伝しか許容されない集団では、紙に文字を書くと、その後すぐに紙は燃やしてしまうのではあるまいか。

19文字はエノク文字だが、たとえば、ルーン文字*は16文字という場合もある。となると、これは8つの倍で、2種類のプロトコルを持っている。わたしはヘミシンクで、文字がちりばめられた釣鐘に入ったことがあるが、その直前にふたりの老人が笑いながらじゃんけんをしている光景を見た。これが2系統の全太陽の世界をあらわしており、じゃんけんは、「今日はどっちにする?」という、つまりはどちらの全太陽世界を使うのかということを決めていたのだ。念のため付け加えておくと、エノク文字も、ルーン文字もすでに物質的に表記された、紙に書かれた文字であり、それはメンタル界のわずかな匂いを残すだけの残骸であるから、ここの能動的な働きかけの作用は失われている。しかしメンタル界の1パーセントの痕跡はあるので、それを手がかりにメンタル界に行く人は必ずいるし、それはその人の中でメンタル界成分が多いという意味であり、あるいは少なくともこのようにしてメンタル界成分を太らせていこうと試みてい

*ルーン文字
ゲルマン人が用いた古い文字。AD2~3世紀にはすでに使用されていたと言われる。

るのだと言える。

たとえばタロットカードは占い用あるいは遊技カードであって、それ以上の意味はないという人は、フェイズ4に閉じ込められたタロットカードを上位のフェイズに移行させることができない。フェイズ1のタロットカードは数字のロゴスの体系である。アストラル界やエーテル界にタロットカードを降ろすと、それは魅力を発揮するかもしれないが、そのためにはタロットカードをフェイズ4から引き上げる必要があり、その人の中にこの回路があれば、もちろんいつでも可能だ。その回路がある人はタロットだけでなく、あらゆるものに対して同じ姿勢を取ることができる。どんな体験をしても、その中からアストラル成分、そして最終的な本質としてのメンタル成分を抽出できるだろう。タロットは占い用以外の何物でもないという人は、自分自身をフェイズ4から引き上げることができないということになるし、その人は見るもの聞くものすべてを自分と同じ世界に閉じ込めてしまうので、たとえば、そういう人が学校の先生だったら生徒を全員狭い世界に閉じ込めてしまうということにもなる。

多くの人に対して何かを普及したいという人は、まだ自分の中でその回路が不十分なので確信を持てないままでいる。そのため、自分に言い聞かせたいことを人に言い聞かせることで確信を得ようとする。一方で、自分の中にフェイズ4からフェイズ1までの回路がある人の多くは、人に対しては無関心であり、聞かれれば教えるが、そうでなければ説明したりはしないだろう。

衆生救済という概念はわたしにはほとんど理解できないものだが、他者に働きかけて救済というものをおこなうのは難しい。人はみな生まれも育ちも考え方も違う。同じ体験をしないと理解は難しい。言葉でさえ互いに理解が難しいのに、他者に対して通路を作るというのはきわめて困難だ。しかしマニラで自殺した教師の場合、わたしは通路を作った。それは相手が死者であったからで、すでにフェイズ3に移行している以上は知覚の扉を開いており、肉の皮膚に閉じ込められていない。言葉はそのまま意識に変わるし、言ったことのすべては果たされるので、わたしが教師に対して誘導したこと、そのものが神話的通路として、どんな時間でもどんな場所でも、その鋳型が活用されていくということなのだ。その場合、教師が炭水化物を食べ過ぎて死んだということもその物語の中に組み込まれてしまう。死者でない生きている人は、動物系知覚の甲羅の中に閉鎖しているともいえるので、何を語りかけても聞く人は少ない。自分がその気になったら、いつでもどこにでも手掛かりはあり、他人がわざわざ手掛かりを提供する必要などないのだ。ケルビムの門のことを考えると、人に対して余計なことを言ってはならないということになる。準備がない人にフェイズ3への誘導をしてしまうと、それ自体が悪いカルマを作り出してしまう。カルマを作るとは、ある型をアストラル界に作り出すことで、その結果として、いつまでもその型が再演されてしまうことをあらわし、一度の失敗が永遠に繰り返される失敗となる。ちなみにわたしはタクシーに乗っている時でさえ、この手の話題はしてはならないと考えている。運転手が聞いてしまうからだ。

# Chapter 7 睡り

## ユクテスワのサマディ

インドのグル、スワミ・スリ・ユクテスワ・ギリ*は、朝目覚めた後にサマディに入り、そこで宇宙旅行をしていた。本を読んで勉強するのはフェイズ4での知識をかき集めることで、動物系知覚の知識を増やすことが多くなるが、本もお金もないような人なら、真実の知識を求めてフェイズ3以上の領域に行けばよいし、ユクテスワは、そうやって毎朝、探索の旅に出た。ユクテスワはクリア・ヨガのグルだが、弟子を求めたことは一度もない。ところが、いつのまにか自称弟子が彼の家に集まり、気がつくと勝手に寝泊りし、勝手にユクテスワのご飯を作り、彼らも勝手に食事をしていたという。こういう放任主義によって学びの輪ができてしまうのは、魚座の20度、サビアンシンボルでは「夕食のために用意されたテーブル」の特有の手法で、世界を自分の庭にしてしまうと、来るべき人が来て、来るべきでない人は来ないようになる。しかも空間的なものだけでなく、時間の中にも同じ庭ができるので、千年を経て縁のある人がやっ

*スワミ・スリ・ユクテスワ・ギリ Swami Sri Yukteswar Giri。1855～1936年。唯一の著書『聖なる科学―真理の科学的解説』が森北出版より刊行されている。写真左がユクテスワで隣が弟子のパラマハンサ・ヨガナンダ。

てきたりもする。歳差運動は1回転が2万6千年で、つまりは昼は1万3千年、夜は1万3千年で、朝ご飯をともに食べた人が、夕飯を一緒に食べようと1万3千年後に集まるというようなケースもある。エジプトのスフィンクスは日本の金華山を向いているという話があるが、それはかつて1万3千年前にエジプトにいた人が、1万3千年後に日本で集まるための目印だと考えてもいい。つまりスフィンクスとはハチ公なのだが、ハチ公のまわりに集まるのでなく、ハチ公の目線の先に集まるのだ。ただし、この待ち合わせを間違えないようにするには、放任主義というものがどうしても必要で、へたに干渉をすると食い違いや勘違いが生じる。放任できない人とは、自分の高次な思考に自信がなく、余計な知識や余計な思いを抱いてしまう人のことだ。2万6千年スパンのスケジュールは、高次思考センターでないと読むことができない。H12の高次な感情センターは最高で2千2百年の範囲しかわからないのだ。

## 朝目覚めたばかりの時に

サマディに入るというのはたいそうな感じがあって、熟達者でないと無理なのではないかと思う人が多い。たとえば「感じる」状態の果てに行くサマディは、フェイズ2のアストラル界でのサマディであり、ここには知識の限界がある。つまり与えられる立場で受け取ることになる。だがフェイズ1においては、そもそも感じるということがないので、静かな沈黙があり、与える側となる。ここで高次思考センターが働き、恒星領域、全太陽領域を探索するが、このレベルでの意識からすると、探索したのではなく、むしろ自分が編み出したと考えたほうがいい。つまり高次思考センターには受け取るという働きがないと言ってもいい。仏陀が自分を唯一無二と言ったのは、その先には誰もいないと言ったのであり、つまり自分は受け取っていない、受信しておらず、すべては自分から生まれ、その後に続くものだけがあると言ったのだ。H6の恒星領域の前に、確かにH3の全太陽意識や全宇宙、絶対の意識H1はあるが、これらは結晶化していない領域なので、生み出すものではなく、解体するものになってしまう。といっても、これはさらに前宇宙からすると、H1はH6とみなされるので、前宇宙、さらにその前宇宙との関係では結晶とみなされることもある。

アストラル界のサマディであり、メンタル界のサマディは与えるサマディなのだが、まだ朝に目覚めたばかりのときには動物系知覚が醒めきっていないので、こういうユクテスワのような体験はしやすい。その人の進化状態に応じて、エーテル界を旅するか、アストラル界を旅するか、メンタル界を旅するかはそれぞれだが、目覚めた日常意識では決して開示されない知識が出てくることになる。

この方法はもっともスムーズな体験だ。たとえば、わたしは夜の8時に寝て、朝の4時に起きることにしているので、いつもは3時半くらいに目覚める。すると残りの30分は、起きているような寝ているような中途半端な状態になる。この時にはほっておいても、思考感覚や言語感覚によって知識とか理解とかが次々に湧き出してくる。好みとあればそれは映像情報にもなるが、映像情報は重く、スピードがないので、むしろダイレクトに思考、言語にしたほうがよいことが多い。

じっとしていると知識が湧き出てくるのは、流しそうめんの台に箸を突っ込んでおくと自然にそうめんがひっかかってくるように、植物系知覚特有の「動かないと向こうからやってくる」というものだ。なんらかの振動差、圧力があると、これはそのまま思考感覚や言語感覚によって情報化される。気配を感じるともう言葉に変わると考えてもいいし、霊能者ならばそれを映像イメージに変換して「ここには霊がいます」というかもしれない。思考や言葉に自己同一化してしがみつくということをせずに手放すならば、自動的に思考や言葉というものがやってくる。キリスト教の異言もそのようにして訓練する。

以前は言葉に変わったときに、これは目が覚めて起きたら忘れてしまうかもしれないと思い、がんばってメモしたいと思った。しかし特定の意識状態にはそれにふさわしい記憶が備わるということでいえば、精神状態さえ確保できれば記憶は失われない。記憶を失うのは、目覚めた後に急にせかせかと動物系知覚にシフトするので、そこで記憶を追いやってしまうからだ。それでも、念のため、自宅から事務所に移動するときにＩＣレコーダーでメモすることも多い。

わたしの体験は、ユクテスワのサマディと同じものだ。これがフェイズ2との接触だと、あふれるような崇高な感情の渦の中に飲まれ、超越的な意識に満たされるということになり、これこそサマディなんだと思うかもしれない。

ユクテスワの歳差の運動の輪でのユガ[*]の配分は、ほかの研究者とは違うマッピングがされている。これはユクテスワが実際のサマディの中で探索したものだ。ほかの研究者も同じとは思うが、フェイズ4の通常の知識活動によってまとめた要素も強い。一方、ユクテスワの思想は、動物系知覚による編集の手がそれほど施されていない。何が本当なのかは、それぞれがフェイズ1に行って確かめればいいのであり、フェイズ4特有のやりかた、比較、分析、検証などによっては正しい知識は決して得られない。得られないばかりか、やればやるほど歪曲が生じる。道に迷って洞窟に入り、さらに抜け道を探して、どんどん奥に入り込んでしまうのがフェイズ4の体験なのだから。

前述したように、わたしの生まれた日の少し前に起きた日食は、水瓶座の26度であり、サビアンシンボルは「ハイドロメーター」というものだ。これは液体の比重を数値にする浮き秤のことで、すなわち何か波動、雰囲気、圧力を感じると、これを言葉にするというものだ。ヨモツヒラサカは、イザナギ（凪）とイザナミ（波）の境界線であり、どちらにも行き来できる境界線であり、言葉にすることで現世に繋がり、反対に言葉にすることで天国に引き込まれるこ

*ユガ
インド哲学において、循環する宇宙的時間を季節のように4つに分けたときのひとつの時代、あるいは単位のこと。4つの時代とは順に、サティヤ・ユガ（4800年）、トレーター・ユガ（3600年）、ドヴァーパラ・ユガ（2400年）、カリ・ユガ（1200年）となる（それぞれの時間的配分には諸説ある）。一般的には現代は悪徳の時代であるカリ・ユガにあたるとされてきたが、ユクテスワはこれを間違いだとし、現代はドヴァーパラ・ユガの最中にあると主張していた。

とともなる。そのため、わたしは言葉を出しているときに至福の体験をしているが、同時になにかしら危険も感じる。それは天国に引き込まれていくという危機意識でもある。わたしは書かないと存在しない。書くことで存在するが、ヨモツヒラサカでは、書くことで天国に向かうという両方向の作用が働くので、少し慎重にならざるを得ない。惑星グリッドは、渡辺豊和式に言えば、最小単位が45センチ程度までの支線を作り出すことができる。これならば手を伸ばせば触れる。だから気分転換をしたいか、少し表現のパターンを変えたいのならば手を伸ばせばいい。背伸びして上に手を。あるいはどこか横でもいい。

## 中心軸をあわせる

ヘミシンクを考案したロバート・モンローは、夜眠っている間に体外離脱をした。彼の場合は、自我を明確にしておくために少し浅い眠りに戻り、そこから体外離脱をするのだと思われる。わたしが判断するに、これは夢と変わらない。自我が働くならば夢は体外離脱あるいは明晰夢と同じことだ。多くの人が夢を夢で片付けてしまうのは、そこで明確な自我が働いていないからだが、しかし明確な自我が働いているにもかかわらず、起きた時には異なる自我の管轄になり、もう記憶していないということも多い。そのため、メンタル界のわたし、アストラル界のわたし、エーテル界のわたし、物質次元のわたしと分けてもいいかもしれない。もちろん最終統括者は馬車、馬、御者、主人というセットの主人であるメンタル体だ。今日わたしは3つの階層の夢を見ていたが、最初の階層のデータが、次の階層に少し持ち込みにくいと感じた。最初の階層よりも次の階層のほうが粗く重いので、その領域にコンバートした段階で第1段階の情報の取りこぼしが起こるが、持ち込みにくいと感じた時には少しだけ軸がずれている可能性がある。これは下の階層のものの負荷が大きく、少し重いということだ。

メンタル界、アストラル界、エーテル界が物質界にまで浸透し、この4つの12区画の記憶域が中心軸をあわせて同期を取ることができたなら、一番奥深い領域の記憶も、目覚めた後にはっきりと覚えておくことができる可能性はある。

モンローは、体脱の中で自分の故郷であるプレアデスに100回近く戻り、どうして自分は地球に生まれてきたのかを考えた。そしてプレアデスが退屈であるからという結論に至った。彼がプレアデスに戻ったと言っても、そもそもモンローの芯がいまもプレアデスにあり、その植民地というか、プレアデスが作り出した幻想の楽園が地球なので、植民地に下りてきた人ということでしかなく、本国よりも植民地のほうがバラエティがあり楽しいのだと言っているのだ。ゴーギャンが南の島で楽しく暮らしたような印象に似ている。モンローが死んだ後、彼の所属するクラスターがまるごと、どこか違う星系に行くと言っても、これもプレアデスがグレートセントラルサンになっているグループに属するほかの恒星に行くことに過ぎないので、大きな意味では、しかもたいそう大きな意味では、あまり移動はしていない。

植物系知覚では、空間的な移動は存在しない。振動の変化だけだ。そのため、モンローは寝ていてどこかに体脱したのでなく、異なる振動にシフトしただけで、同心円のグループの中の違う輪に移動したと言える。わたしはある時期からは、体脱ではどこかに移動するというイメージは使わないようにしたほうがいいとアドバイスするようにしている。どこか違う場所に移動するというイメージにはリスクが伴うからだ。

京都に行って楽しんでいるうちに時間が過ぎ、気がつくと午後6時で、これから新幹線に乗っても東京に戻るのは9時近くになってしまうという夢を以前見たことがある。これは体脱で違う場所に移動するというイメージを使うと、いかに困るかということを説明した夢だ。つまりショートカットで瞬間的に戻れなくなるのと、どこかに迷い込むと戻り道を失う可能性があるか、あるいは戻ることにひどく手こずることがあるということだ。夢の中で、わたしは京都のどこかの商店街の場所を人に聞いていたが、それはその商店街の向こうに駅があることを知っていたからだ。しかし駅に着いてもこんどは新幹線のチケットを買わなくてはならない。

## 移動ではなくチューニング

宇宙のあらゆる場所は、振動が違うだけで、それらは中心軸が串刺しになっていて、ヘレニズム時代の宇宙像のようにタマネギ状に重なっている。この場合、どこに旅しても、戻れなくなることはない。たとえばモンローが同じグレートセントラルサンに属する異なる恒星に行っても、迷うことがないとしたら、これはグレートセントラルサンというタマネギの芯がはっきりしているからだ。だが、この軸を見失うと、異なる宇宙に旅した時に戻り道がわからなくなるかもしれない。体脱でどこかに移動するというイメージを使うと、芯のあるタマネギの異なる皮の部分に移動するのでなく、むしろ皮そのものに夢中になって芯を忘れることになりやすい。

乙女座の6度のサビアンシンボルは「メリーゴーランド」というものだが、これは乙女座の示す視覚に夢中になり、細部に熱中するためには、メリーゴーランドの軸をしっかり支えてくれる人が必要だということで、つまり、この支えてくれる人に依存することで自分は小さな世界に熱中できるという意味である。「これから奥地に入るので、わたしをしっかり捕まえておいて」とお願いして、どこか違う空間に飛んでいくということも可能だが、メンタル界の軸までわたしであると自覚した人は、誰かに支えてもらうのでなく、メリーゴーランドの軸も自分であらねばならない。するとよほど自己喪失しないかぎり、どこかの世界に没入しきることなどできない。だから、どこかに移動するという体脱イメージはやめて、あらゆるものはここにあり、体脱するのはたんに振動が違う場所にチューニングするだけなのだと考えることにしようと勧めているのだ。

眠っている時には身体は横たわっているので、植物性知覚に入り、するとどんなところにでも行ける。同軸移動は、どこにいくにも時間がかからないということが大きな利点だ。植物の枝は宇宙のどこにも伸びている。伸びる限界があるとしたら、本人がまだ自己同一化した価値観、荷物を持っていて、この荷物が重たいために、枝が十分に伸びてくれないのだ。体脱を終了する合図は、トイレに行くときだ。これをうまく処理するには、寝る前にどのくらい水を飲んでおけばいいのか加減を考えておかなくてはならない。

わたしは京都の夢を見た後、トイレに行った。果たしてこの京都の夢を起きた後も覚えていられるのかを考えながら二度寝した。この京都の夢の前の階層の夢は、タマネギの端がはみだして、あるひとつの円が収まっていないという夢だった。はみ出した部分はベージュ色だった。そこで、端を抑えて、収まるべき円のなかに押し込んだ。このタマネギの夢はメンタル界、京都の夢はその応用パターンとしてアストラル界だが、果たして2番目の京都の夢まで見る必要があるのかと言われると、1番目の夢の意義を、もっとカラフルにイメージ豊かに展開するには、京都のシーンを使うのがいいと思ったのだ。

プレアデスの役割は世界造物主であり、プレアデスが作り出した世界にはほかの星系から来たお客さんもいる。そういう場合、アミューズメントセンターを長く楽しんでもらうためには、横道に逸れたり、迷路を作ってそこで迷ったりしてもらうのが好まれる。謎をたくさん作り、抜けにくくする。モンローがプレアデスが退屈だと言ったのは、もちろん根源領域は、遊園地を作る基の場所なので、そこで楽しむというのは難しい。創造意志の結果の遊園地である地球に来て、意図が生かされたことを確認しているのだ。やりすぎると、地獄に落ちる人とか、迷路から脱出できない人がたくさん出てくるが、脱落者がどのくらいいるかを調査すれば、迷路の作り方の加減を調整できる。また迷路を作った関係者だから、穴に落ちて出て来れない人をリトリーバルもする。レストランのサイゼリアでは、子どもを退屈させないように、テーブルに間違い探しの絵を描いたシートを置いたが、子どもたちは間違い探しに夢中になり、中には8時間もかかってしまった子どももいたという。間違い探しの絵が難しくすぎて大人でも解けないとクレームが相次ぎ、一時的にこのアイデアを使うことは中断された。でも、この間違い探しゲームを考案した人が社長になってからは、また復活したそうだ。楽しめるものがあると誰でも長居する。

## クンダリニはアルゴル

複合次元が精密に軸を揃えると、もっとも低い次元のものは、最高の次元まで通路を持ち、もっとも低い次元からもっとも高い次元まで駆け上がっていくことができる。クンダリニは一番下のムラダーラチャクラに眠った蛇を目覚めさせて上昇させることだが、軸が通ると寄り道しないでそのまま駆け上がることができる。7つのチャクラを駆け上がると、それは強烈な快感を作り出す。なぜといって、楽しいとか快感とかいうものは、分離したものが統合化された時に感じる感情だからだ。上昇する速度が早いほど快感は激しい。ゆっくり上がると快感は少し薄くなるが、強すぎる刺激が頭を直撃しなくてすむ。

クンダリニを象徴とする恒星はアルゴルであるが、これはメドゥーサでもある。メドゥーサは見たものを岩にしてしまうというが、そもそも恒星や神話的な元型はさまざまな意味を複合し、相反する性質を持っている。実際には神話元型はシンプルだが、地上から見ると、それはいろんな顔を見せるように感じる。惑星は一方向に回転しているので、時間の逆戻しはできない。しかし恒星意識は時間を逆に辿ることが自由にできるので、メドゥーサを見たものは岩になり、反対にメドゥーサがそばにいるのに見なかったものは岩から解放されるという現象も作り出す。見ると瞬間的に二極化され、低い次元に落ち、反対に見ないことにすれば、岩から解放されて飛翔するというのは、乙女座の視覚によって落とされ、隣に並ぶ天秤座の〝感じるエンジン〟で上昇するということにも似ている。乙女座と天秤座のセットがメドゥーサなのではなく、上昇と下降がメドゥーサと考えるとよい。

ペルセウスは、退治したメドゥーサの首を持ち、アンドロメダ姫の近くに向かった。そしてアンドロメダ姫はこのメドゥーサを見ず、しかしメドゥーサのクンダリニの力によって岩と鎖から解放され、救済された。ＱＨＨＴセッショ

Carvaggio "Medusa"

ンでのことだが、わたしは突然燃え盛るマグマの上空にいて、ひどく気持ちよいと感じていた。ここにずっといたいと思った。これは溶解したムラダーラ・チャクラで、動物系知覚の皮膚が破れて、その下から内臓の植物系知覚がむき出しになってきたことを示すが、マグマの上に正しく立たなくてはならず、少しでも横にはみ出してはならないということにもなる。つまり見るというのは、特定の感覚にかたより、軸がはみ出すということなのかもしれない。ペルセウスも久米の仙人もちら見して転落した。

## アルゴルの作用

アルゴルは凶悪な恒星だと言われている。フェイズ4の地球意識では、いかなるものも二極化するので、アルゴルは岩に閉じ込めると解釈される。欲望によって人はアストラル界から物質界に落ちる。この強い欲望を喚起するのがアルゴルだ。そしてアルゴルはそのことに飽きてしまうと、強烈なクンダリニの上昇力を発揮して岩から解放する。アルゴルの強みとは、他の手段では決して砕くことのできない硬い岩を溶解させることができるということだ。言いかえれば、アルゴルが閉じ込める岩は、ほかのどんな手段を使っても破砕できないということでもある。殺生石では、九尾の狐は岩に閉じ込められたが、その岩を砕いたのは玄翁和尚[*]だ。九尾の狐は、自力でこの岩を砕くこともできるが、そのためには、自分の出自がアルゴルであることを思い出す必要がある。すると、岩に閉じ込められるという方向と、こんどは岩から開放されるという両方の作用を自由に活用できることになるのだから。ここでは玄翁和尚は必要ない。

このように考えると、プレアデスの幻想世界を作り出す世界造物主と、アルゴルは共同関係にあることも理解しやすい。事実このふたつの恒星は、12サインを投影した一覧表では黄経が近い。占星術ではアルゴルはきわめて強力な星なので、許容度数が4度くらいあり、近くにあるものを飲み込んでしまう。単純な幻想世界はすぐに覚めてしまうので、アルゴルは欲に突っ張った存在を次々と作り出す。配役としては、アンドロメダは物質に閉じ込められたり、また開放されたりと、アルゴルの作用を頻繁に使う。たとえばアンドロメダのミラク[*]は12サイン投影で牡牛座の0度24分にあり、牡牛座のとば口でノーブルな美しさを保つ存在だと言われている。つまり混血していないのだ。牡牛座のずっ

＊玄翁和尚
1329～1400年。南北朝時代の曹洞宗の僧で源翁心昭（げんのうしんしょう）とも。伝説では九尾の狐が閉じ込められた殺生石を玄翁和尚が打ち砕いた。

＊ミラク
アンドロメダ座ベータ星。

と後ろにある根性悪のアルゴルは、ミラクを牡牛座の奥地に誘い込み、そこから抜け出せないように迷路を作り出す。

アンドロメダ座の向こう側にはアンドロメダ星雲がある。長い期間を経て、アンドロメダ星雲は少しずつ銀河系に接近しているのだという。銀河の世界に、「おいでおいで」とアンドロメダが引き寄せられ、捕まえられようとしている。基本的にアンドロメダはこの世界にくわしくない異邦人なので、この銀河が持つねちっこい魔力に捕まったらなかなか自力では脱出できず、ペルセウス（カプルス、牡牛座24度12分）とメドゥーサに助けてもらわなくてはならない。ペルセウスとメドゥーサは、世界の底に沈めたり、また浮かばせたりを繰り返す相棒同士だ。しかもそもそもアンドロメダが飛行者ならば、このギアを頻繁に使いたい。

以前の著書で沖縄はアンドロメダに関係が深いと書いた。沖縄近辺は龍宮王国としてオリオン三つ星に関係があると思う人は多いかもしれないが、ある人は、乙姫は音姫であり、音の秘密を明かすものなのだと言う。7つの配列の組み合わせを変えて、さまざまな宇宙に連結する案内の役割は猿田彦でありアンタレスだ。わたしは音姫はアンタレスと考えることが多い。アンタレスは死なせたり、生かしたりする。アンドロメダとアンタレスは親類関係になることが多く、つまりどこか遠いところにいたアンドロメダはアンタレスの作り出す門に引き寄せられて、特定の音の配列で作られたこの世界に入ってきた。そしてプレアデスの誘いにひっかかり、アルゴルによって岩と鎖につながれた。これを解くことができるのはアルゴル以外にない。

地上の12サイン対応では、最近ではアルゴルは牡牛座の26度10分にあり、サビアンシンボルでは「ビーズを売るインディアン女性」となる。時代を遡ると、その前の数え度数26度の「恋人にセレナーデを歌うスペインの伊達男」というものになる。

ちなみにわたしの太陽中心のホロスコープ（ヘリオセントリック）では、木星が牡牛座の28度にあり、これはサビアンシンボルでは「成熟したロマンスで求められた女」というもので、この雰囲気を一番髣髴とさせるのは、同じ度数に天体を持つ作曲家のフランツ・レハール*で、たとえばオペレッタの『メリー・ウィドウ』などはこの度数の感じをよく出している。レハールの『メリー・ウィ

*フランツ・レハール Franz Lehár。1870～1948年。ウィンナ・オペレッタの分野で活躍した作曲家。ドイツ人を両親にハンガリーに生まれた。プラハで音楽を学んだ後、ウィーンで作曲家としてデビューを果たした。『メリー・ウィドウ』は彼の出世作。

ドウ』は、ヒットラーが愛好しており、そのおかげで戦時下、レハールは特別扱いされ、ユダヤ人である妻は収容所には送られなかった。ヒットラーやアインシュタインはアルゴルの影響が強い。後者においてはアルゴル関連で原爆が作られたとも言える。すでに書いたように、下松に来た百済亡命者たちが九尾の狐を持ち込んだ。アルゴルは岩や鎖に閉じ込めたり、反対位相として爆発するものやクンダリニなどを示すが、岩が固くなるほど、それを崩す力も強くなる。

わたしのアカシックリーディングをした人が、わたしは前世で爆弾を設計しており、そのことにとても嫌気がさしていたという内容を話していたが、単純にアルゴルのイメージがそのようなアカシックデータを引き寄せてしまったのだろう。

前世は基本的に虚のもので、どれかのアカシックデータを拾ってきたというだけのことが多いので、気分が変わると違うデータになりやすい。すでに説明したように、特定の意識はそれに応じた記憶を引き寄せる。本質と質量はお似合いの関係になる。地上投影では、つまりフェイズ1レベルとフェイズ4の重ね合わせでは、許容範囲の広いアルゴルは、牡牛座の26度や28度近辺で溶けるような快感をもたらすと言えるが、サビアンシンボルの言葉にも表現されているように、音楽や歌で表現されることが多いのではあるまいか。わたしは手に入る限りのオペラのCDを持っているが、たぶんオペラには、このような表現が多く、爆発は絶叫としてあらわれている。

牡牛座26度では、スペインの伊達男が下にいて、その声を聞いて塔の上から女性が顔をのぞかせる（「恋人にセレナーデを歌うスペインの伊達男」）。28度では、上空からシヴァ神がやってきて、「ぼちぼち帰るか？」と誘いかける（「成熟したロマンスで求められた女」）。27度では、路上に置いたその土地の工芸品で通行人を誘いかける（「ビーズを売るインディアン女性」）。そもそもアーリア系の神話では、シヴァ神はそれぞれの土地の女神を妃にしたという。27度はシヴァを誘いかける側が描かれている。すでに24度の「馬にまたがり骸骨の締め具をつけたインディアン」という段階で、脳の一番奥、身体の一番下の領域にアクセスするという体勢が作られており、次の25度の「大きく手入れの行き届いた公共の公園」という段階で、上と下の循環の準備もできており、このあたりのどの度数でも、クンダリニの活性化はたやすい。

## 嘆きの天使とアルゴル

バーナデット・ブレイディ*は、アルゴルは女性の性力、クンダリニに関係すると説明しているが、クンダリニは基本的に、男性的であったり、女性的であったりすると力が弱まる。男女はフェイズ4においての二極化で発生するが、これは端的に言えば、地上の存在位置の「軸ずれ」を促す。マグマの上に正確に立たなくてはならないので、男女、あるいは性的なものになると、クンダリニは弱まるし、むしろそれは爆発を抑えるための微調整弁に活用されている。たとえば、子どもも性分化を始めると急におとなしくなるし、女の子も男の子を意識すると、妙におしとやかになる。地上で何か遠慮する理由が出てきて、横に関心が向くのだ。クンダリニはまっすぐに上に上がるので、横に目を向けることで減速しているのだ。

プレアデスの中のアルシオンはこれまで牡牛座にあったが、最近双子座の初期に入った。つまり世界の幻想の中に引っ張り込むことから、こんどは世界内

＊バーナデット・ブレイディ
Bernadette Brady。イギリスを中心に活動する占星術家。とくに恒星関係について詳しい。古代ギリシャの手法であるパランに関する第一人者。

部をもっと色彩豊かにすることに興味が移った。双子座の1度のサビアンシンボルは「ガラス底ボート」というもので、海の底にあるたくさんの魚、サンゴ、貝などの生き物を楽しく見ているが、自分はガラスに守られ、水に濡れることはない。3番目のサインである双子座は、タロットカードの［3］女帝に似ていて、思いつくものを片っ端から作り出すが、そこに共通のロゴスはない。ロゴスがないからこそ、たくさん作り出すことができるのだ。これはカモワン版タロットカードでは、未完成の鷲として描かれている。そしてロゴスの芯がないと、これらのイメージに振り回されて、たくさんの人が自己喪失する。アミューズメントセンターから家に戻ることのできなくなった人は、フェイズ4に閉じ込められるが、そもそも故郷がどこかもわからないし、それ以前に「故郷に戻りたい、メンタル界に回帰したい」ということさえ忘れ去っている。世界でもっともギャンブル依存症になりやすい国民は日本人なので、日本でカジノを作ると、家に帰れなくなる人はたくさん出てくるだろう。今後、よそ見、軸ずれの要素は増えるのだ。

わたしが見た前述の夢のメンタル界の層は、同心円がずれると、迷う人が出てくるということをはっきりと説明したらどうかという内容だったのだが、同心円の軸がずれなくても、特定の円のふくらみが過剰になると、そこで迷う比率は増加する。いま例にあげた地上的な占星術の12サインと恒星テーブルは少しずつずれていくが、これによって二極化された地上世界では恒星は少しずつ違うイメージに乗り換えていくことになる。本来の恒星の性質はどこにあるのかを12サインテーブルを探しても、もちろんどこにもない。恒星はロゴスでありイメージではないのだから。

イギリスのテレビドラマ『ドクター・フー』*の中でもっとも印象に残るのは嘆きの天使だった。嘆きの天使を誰かが見ているとクォンタム・ロック（量子ゼノン効果）により石像化し、天使の動きは止まる。ところが誰にも見られていない時には、嘆きの天使は超高速移動をして死をもたらす。これは、見ていると二極化された物質的世界にとどまることができるが、目をつぶると植物系知覚になり、動物系知覚でのみ成り立つことのできる肉体的生存は終了するということを連想させる。そもそも目をつぶると、わたしたちはいないのだ。つ

＊ドクター・フー　イギリスのBBCで1965年から放送されているSFテレビドラマシリーズ。2018年現在も新シリーズが放送中。主人公の異星人ドクターと地球人の仲間たちが繰り広げる時間旅行や宇宙を舞台にした冒険譚。嘆きの天使は、ドラマに登場する地球外生命体。

まり嘆きの天使も表現は反対に見えるが、アルゴルを連想させるものだ。ドクター・フーは究極の意識と結びついているので、別の肉体に乗り換えることができ、それはおよそ12回ほど可能だ。しかし彼にかかわった人々は分身を作れないので、次々に死ぬし、エイミー*も嘆きの天使によって過去に飛ばされて墓の中に埋もれた。いまこの節の部分を訂正をしている今日の朝の夢では、アルゴルが無に導いてしまう要素をもっと強調したほうがいいと3回ほど言われた。解放した後に、すかっと何もない状態になってしまう、と。

*エイミー
エイミー・ポンド。ドラマ『ドクター・フー』の登場人物で11代目ドクターのコンパニオン。

## 下界の眠れる蛇を見つけ出す

クンダリニ、アルゴルの力がそのままテーマになっているかのようなタロットが［20］審判のカードだ。上空から天使がラッパを吹くと下界の墓が開き、死者が蘇る。この墓は岩でできていて、玉藻前を閉じ込めた岩が爆発して、玉藻前が再生してきた図像と似ているとも言える。上からシヴァ神が「さあ、おうちに帰ろう」と迎えに来ると、岩の中で眠っていた蛇は目覚めるし、カモワ

ン版では、マグマに似たとぐろは、ちゃんとターバンのようにして描かれている。

問題は、［17］星のカードで、大きな星であるグレートセントラルサンと、それを取り巻く7つの恒星を描いたことだ。わたしは結晶化した意識とは恒星であり、メンタル界なので、グレートセントラルサンよりも、ひとつの恒星を重視したほうがいいといつも説明している。

ひとつの恒星を「お家（うち）」とみなした人は、それに対応する下界の眠れる蛇を見つけ出すことができる。つまり上から下までぴったりと軸合わせができるということだ。軸合わせをしただけで、下から強烈な力が上昇してくる。しかしながら、この恒星は全太陽クラスターの中には7つあるのである。ということは、この7つの違いがあることによって、ムラダーラの軸合わせをするべき中心点は7つなくてはならないということになる。かといって、中心のグレートセントラルサンのほうに合わせると、これは結晶化していないH3なので中心の点と想定することができず、いわば輪郭のはっきりしない雲のようなもの

で、それによって下の極点も見つけ出すことができなくなる。ロゴス、元型などの所在が明らかでなくなるというようなものだ。わたしはアルクトゥルスは存在を無化したり有限化したりすると説明したが、このアルクトゥルスこそ、グレートセントラルサンにふさわしい性格だ。結晶のない非統合が、統合の中心にあるという構造はなかなか難しい。

全太陽クラスターにいる人は、クンダリニを7種類探索しなくてはならない。しかし、ひとつの恒星をルーツにすると、事態はシンプルになる。自分のロゴスに照応した下界の極点を見つけ出し、まっすぐに立つ直通回路を開発すればいいのだ。そのことで、下界生活にも永遠性が宿り、最終故郷と繋がるのだから、地上に追放されたという実感はしないだろう。

## スターピープル

この上と下が直通回路で結ばれると、その人はロゴスが身体化した存在になる。日々の生活があり、自分の本質にはあまり関係ないことが繰り返され、一方で精神においては自分らしい活動を追及しているという二重性は減少する。

そしてこのロゴスの下への貫通があると、生活の中での細かいことにもロゴスを見つけ出そうとするので、何事も中途半端にすることがなくなり、珈琲一杯飲むにも真剣になることが多い。というのも、地上のどんな生活にも無意味なものが残るというのが納得できなくなり、あらゆるものが本質を表現したものだと思うようになるからだ。より高次な領域に向かうことは、より低次な領域に向かうことと同時進行になるのだし、暮らしの中で投げやりになることもほとんどなくなると言える。たぶんその人は一点も間違いがあってはならないと考える。間違いは軸がずれたことだ。どんな小さなことでも軸を通さなくてはならない。だから言い間違いをしてはならないし、判断ミスもしてはならない。どんなに小さなことでも、そこにある意図を正確に認識して取り組まなくてはならない。自身にロゴスが貫通した人は、世界のすべてにロゴスが貫通しているのだと思ってしまうのだ。こうなるとほんの小さなことですらも楽しむことができるということにもなるだろう。

わたしたちはフェイズ4で生活する上で、フェイズ4でしか成り立たない習慣に染まっている。たとえばたくさん食べる人は、必要なものを食べるというよりも、食べたいという欲求に隷属していつも脱線している。これは上位の意識からすると余計なことで、上位とのつながりを失う理由にもなる。実生活のすべては必要最低限、そして真に意味のあるものに取り組むということになるのだ。すると食べることも真剣勝負になる。しかしフェイズ4で作られたご当地独自の衝動には従わない。フェイズ4には源流を見失った余計なものがたくさん堆積している。これらを掃除していくのは、タロットカードでは、［13］死神のカードが示している。使わない余計なものが残っている部屋については誰も気にしないかもしれないが、ロゴスを貫いた人からすると、これは眠りと不注意をもたらす元凶となるので慎重に取り除こうと努力するだろう。エーテル体が染み込んだ道具のことを、折口信夫はモノノケと化した道具と呼んでいるが、統合的な存在からすると、自分が使う道具はすべてモノノケ化したものでなくてはならないとも言える。多くの人は宇宙知性が乗る宇宙船は、地上のものと同じ機械だと考えるだろうが、これらはモノノケで生き物だ。つまようじの中に、エーテル体があり、アストラル体があり、メンタル体が

ある。そしてその先に法則1の原理が働いており、思考感覚や言語感覚で受け止めるならば、つまようじがどうして発生したのか、つまようじの意図をつまようじから聞き取ることもできるだろう。

この場合、メンタル体やアストラル体がない事物はあるのかというと、宇宙のすべてにはあらゆる要素が含まれているという点で、メンタル体やアストラル体がない事物は存在しない。だが、それが自我に連結されておらず、無意識化して働いているものはある。メンタル体やアストラル体が無意識化され、裏に回っているというのは、今存在する自我の働きにメンタル体やアストラル体が加わっては困る、つまりメンタル体やアストラル体が関与しない時期に自我が形成されたということなのだ。この場合、メンタル体やアストラル体を意識的に組み込むことは、それまでに形成されていた自我の結晶をクラッシュさせなくてはならないことも多い。これまでの自分を平和に維持することが善であるという人からすると、これはとても苦しい体験になるだろう。

ドロレス・キャノンは、彼女の考案したＱＨＨＴで多くの人に深層催眠セラピーをした。その取り組みの中から、地球で核爆発が行われた段階で、このまでは地球文明は救いがたい状況に陥ると判断した宇宙人たちがボランティアとして地球に生まれ、内部から振動を改善するということを試み始めたという確信に彼女は至った。1940～1950年代あたりから、このボランティアがやってきて、第一の波、第二の波、第三の波、その後と続いたという。だが、地球内部に生まれたこのスターピープルも、人に対して何ごとかを押し付けるようなことはしない。こういう場合、ずっと押し付けない人々であり続けるならば、このボランティアの人数を増やすしかない。比率が増えると空気が変わる。しかし空気が変わると地球に住む人々に人格クラッシュが生じる機会も増えていき、いままでのままの自分が続くということにはなりにくいだろう。人格クラッシュが穏やかに進行するには、人格が重すぎてはならない。また、しばしば病気や事故を利用することもある。わたしが体験した交通事故による骨折も、ある意味では人格クラッシュだった。そのころ、わたしは稲荷信仰についての新書を書こうとしていたので、この人格クラッシュのために飯縄権現が呼び出された。飯縄権現の姿は、白狐に乗った烏天狗や、蛇が巻きついた白狐なのだが、狐が神話的近親関係として蛇を呼び出し、蛇がわたしの頭に噛みついたものと言える。加害者の頭がぼんやりして車を不注意に発進させ、またわたしは新調した眼鏡を当日はじめて使用したので、右端がよく見えていなかった。飯縄権現は物質的領域にまで影響を及ぼす。

人格変異のスムーズな方法としては、夢通信を使うのがいいのではないか。夢との接触で人は徐々に変質していくし、節目でときどき昏睡して、夢の中で手術を受けるというような映像を見ることはあると思うが、現実に事故を体験するほど生々しくはない。多くの人がフェイズ4において、少し暇な人になって睡眠時間を増やし、そこでスターピープルと話をするのがよいと思う。彼らはとても親切だ。姿や形は、わたしたちのフェイズ4記憶を使うので、誰か知っている人の姿を借りることもあるし、有名人やアイドルを使うこともあるかもしれないが、それは一部、それらと何かが似ているからだ。わたしは20代から、長い間、夢の中で2人の男性に教育を受けてきた。この場合、彼らを認識する暗号は、黒地に紺色の縁取りというものだった。顔はわからない。年齢は28歳ほどだろうか。でもこの黒地に紺色の縁取りということだけははっきりしていた。フェイズ3においては主体と客体という方向感覚はなくなるので、伝えられたことは自分が思いついたこととして受け取られることも多い。静止することができたら、膨大な情報がやってくる。考えることをやめると盛大にアイデアが生じる。エーテル体はエッジが緩いので、緊張することが少なくなり、全体にリラックスした暮らしができるだろう。

## 理想的な生活

地球に生まれたスターピープルが内部から働きかけるという物静かな手段以外にも多数の方法があると思うが、全太陽意識が統括するクラスター、すなわち連合は複数あり、他連合はたいていは同じ意見ではない。たとえばアンドロメダが属するグループは当然次元の旅を、シリウスが関与するグループは変容ということを重視するので、これまでの地球を維持するということよりも、異なる領域へと移動することを推奨することになる。すでに新しい地球が用意されていて、そこに移住する準備もあるという話がドロレス・キャノンの本には出ていたが、空間的に離れているということを気にかける必要はない。植物系知覚では、少し振動がシフトしただけ、という意味なのだから。新しい地球という言い方をした時は、それはいままでの地球と振動が少し違うだけということを暗に示しているので、数ミリしか違わないと言っているようなものだ。

別の著書で、わたしは地球は硬化する方向に向かうので、いずれはパラレルの地球、すなわち金星的地球に移動しなくてはならないという話を書いた。そもそもタロットカード体系や仙道は、少し振動の高い陽神・分身が低い身体をオーバーライトして、存在が引き上げられるという手法であり、これにまじめに取り組むと、今の地球からパラレルな地球に確実に移動する。バシャールによると、異なる地球の人々は、今の地球の人々には決して見つからないように配慮しながら行動しているというが、この地球とレイヤーのように重なっており、しばしばこの世界に行き来しているし、多くの人は知らず知らずこの違う地球の住人に会っている。このことを知られてならないのは、もし気がつくと必ず今の地球の人は追跡者になったり暴力を発揮したり、押し付けたり、要求する人になるからで、知らないふりをしてそっと離れることのできる人は100人のうち3人いるだけだ。思わず愛したりするのも暴力に違いない。今このようなことを書くのも、わたしはしばらくこのことを忘れていたのだが、数日前、朝の4時半に、交差点で、以前一度会った別地球の住人に遭遇し、パラレル地球移動コースもあることを忘れないでほしいと指摘されたからだ。こうしたパラレルな地球情報はもちろん夢では筒抜けだ。

ひとつの節目としては、145番系列のサロスになる2035年の日本だが、その後も18年ごとに節目が来るし、そう急ぐ話でもないのかと思う。ボランティアが振動を調整しつつ、その間にポータルを利用してシフトすることができればいい。おだやかな方法として、完全に移動しきるのでなく、従来の地球と異なる地球を行ったり来たりしながら、少しずつ12感覚をひとつずつ新しい方向に移管することだ。これは新しいフェイズ4領域とも言えるし、フェイズ3の応身とは相性がよくて、応身も着地できる。すなわちこの新しい地球ではギリシャ以前の地球のように神々が地上に住んでいるのだ。恐怖の門がそう必要ではなくなると考えてもいい。

この場合、シフトすることが前提にあると、今の社会を政治的な面で改善するということにはあまり意欲的ではないことにもなる。地球世界は資材置き場であり、さまざまな体験をする場であ

り、その世界そのものを整える必要はないという見解と、理想理念があり、その方向にだんだんと環境を整えなくてはならないというふたつの意見がある。ノストラダムスは、地球最後の人類について予言しており、それは西暦3000年代の終わりころの話だ。ということは、プレアデスの作り出したアミューズメントセンターも期限つきで計画されたものであり、そのころに閉園ということになるのだろう。シュタイナーは人類の進化は7番目の霊我が発達した段階で終了と見ていたようだが、それはこの時期よりもう少し後になるような話だった。シフトした地球には輪廻システムがない。記憶喪失してあらためて異なる惑星に生まれるという方式を、記憶とともに移動する体験方式に移し替えたからだ。それが可能な身体は、ハイブリッド種として設計され、今も実験と調整が繰り返されている。今のわたしたちの岩と鎖でぐるぐる巻きにする構造は記憶を失いやすいのだ。

タロットカードはこの移動コースを書いた取扱説明書で、[19]

太陽で分身を作り、[20]審判はクンダリニ手法で、[21]世界は分身が古い肉体をオーバーライトすることで肉体振動が上昇する。だが、恒星探索というか、宇宙に飛んでいくのは[16]塔で、[17]星では全太陽意識の中にあるクラスターをひとあたり知らなくてはならないとなると、課題は山積みだ。全太陽クラスターの中でどれかの恒星を選ぶという単一方式はすっきりしており、一方で全太陽意識の中心のグレートセントラルサンに軸合わせをするというのは傷口が永遠に開いたままというような状態にもなりやすい。流動状態のまま、非物質的な存在を選ぶという種族は確かにあるが、今地球上に住んでいるタイプの人々でこれに合う人はほとんどいないのではあるまいか。H3とH12は関係性の上でのみ存在が仮に成立するようなところがあり、陸地と船の上に渡された板の上で暮らすようなものだ。調整された地球に住むとは、手ごろな小市民としての惑星意識に着床することであり、この場合、意識の上限は恒星であり、それが一番適切な範囲だ。

結局、本書は、物質的生活という意味では、怠け者のススメのような内容だ。何にもしないでじっと考えているだけ。むしろ考えないでじっとしていればいるほど情報はたくさん入る。そして長い睡眠時間をとる。地上ではときどき仕事をする。しかしこれは理想的な生活なのではあるまいか。

# Afterword あとがき

人間は死んだ後に4つの組織がばらばらになる。4つが解体するということについてはカスタネダの著作の中でドンファンの言葉にも出てくる。しかし宇宙人すなわちスターピープルと、またそれと似た仙人などは、この解体を放置せず、気の身体に置き換えて、その上に4つを乗せて、まとまった結晶体として生き続ける。地球の物質世界からすると、それは相対的に振動が高いために目に見えない身体なので、古くはそれを「気化」と呼び、空中で消えるという現象として説明され、羽化とも言う。

タロットカードの最後の［21］世界のカードでは、肉体と、もうひとつのエーテル体の身体が混じり合って第五元素的になることを示唆しているが、このために物質的に近いが、それでも物質ではない濃密なエーテル体を18番目のカードあたりから用意するというプロセスが出てくる。この物質に近いエーテル体というのは、夢では起きる間際の夢の段階でもあり、つまり目覚めた物質世界に接近した時間の夢だということだ。それはたいていの場合、鮮やかなカラーがあり、実生活と似ている象徴も数多く登場して、多くの人がこのレベルの夢で、予知夢のような体験を期待するが、それは物質的で生々しいからだ。もっと奥まったフェイズ1とかフェイズ2の段階はより高次な体験であるが、肉体レベルという点では、それよりもフェイズ3のぎりぎり終わり頃が重要だということだ。

睡眠時間を増やしてしまうと、たいていの場合、起きる時間よりも早めに目がさめてしまうと思う。それでも起きないでそのままじっとしていると、二度寝することになるが、この時には起き際の夢、フェイズ3の終わり頃の夢を見やすい。あるいは夜型の人は、昼に寝るとこのような体験をしやすい。このようなことを続けると、夢の世界と物質的世界とが入り交じることもあり、ずっと昔に、毎日夢の中で遭遇していたわたしの教育係のふたりの男性が、物質的に実際に歩いているところを目撃したこともある。つい最近も夢の中で腕を掴まれ、わりに痛かったが、この痛みで目がさめてしまい、目が覚めた後もしばらくは腕の映像と、その痛みが続いていた。

この物質界と夢の境界線に長くとどまるようなことをしていると、しだいに物質界の堤防決壊のようなことが生じて、日常生活の安定性が奪われてしまい、毎日が悪夢のようになってくるが、わたしは高校生の頃にそのような生活をしていた記憶がある。ノストラダムスは時間の流れというのは複数存在し、これを選ぶことで、希望の未来を作るということを述べていた。この時間の流れを選ぶというのは物質世界では不可能なことだ。しかし、物質界とは時間の流れが反対のエーテル界と物質界をぶつけ、そこにできた時間の静止する空白地点は交差点の役割をするようになり、四差路、五差路のどれかのコースを選ぶようにして、異なる未来へと舵取りすることができるようになる。これは夢の中の操作であるように思われる。というのも、そもそも目覚めている時間とはまったく物質的な世界であり、この中ではいかなる手段を取っても、複数の時間の流れの中のどれかに切り替えるなどということは想像もつかないことなのだ。ただ流されるままの人類をノストラダムスは流木のような生き方だと述べているが、意識的に人生を変えていく試みは、夢の中でなら可能であるとわたしは考える。つまり夢の仕組みをもっと解明して、それを積極的に活用することはとても重要なことであるということなのだ。

なおいつものように太田穣さんに編集していただいた。校正の段階でほとんど完成原稿になってしまうので、わたしはただ書くだけであとは何もしなくて済むようなところがあり、いつでもとても助かっている。こういうベテランの人は世の中にあまり多くいないのではないかと思う。大変に感謝しております。

松村 潔

■各章扉の画について

Chapter 1 : Vilhelm Hammershøi "Ida Reading a Letter"
Chapter 2 : Odilon Redon "The Buddha"
Chapter 3 : František Kupka "Amorpha, fugue en deux couleurs"
Chapter 4 : William Blake "The Lovers' Whirlwind, Francesca da Rimini and Paolo Malatesta"
Chapter 5 : Edward Poynter "Andromeda"
Chapter 6 : Raphael "The Transfiguration"
Chapter 7 : Vilhelm Hammershøi "Interior with a Reading Lady"

著者プロフィール

## 松村潔（まつむらきよし）

1953年生まれ。西洋占星術、タロットカード、神秘主義哲学の研究における日本の第一人者。カバラ、グルジェフ、シュタイナーなどの思想もふまえて構築された、独特な宇宙論を提唱する。著書は『分身トゥルパをつくって次元を超える』『精神宇宙探索記』（以上、ナチュラルスピリット）、『タロットの神秘と解釈』（説話社）、『月星座占星術講座』（技術評論社）など多数。
松村潔WEBサイト　http://www.tora.ne.jp/

夢(ゆめ)を使(つか)って宇宙(うちゅう)に飛(と)び出(だ)そう

●

2019年2月23日 初版発行

著者／松村 潔

装幀／村上智一
編集・DTP／太田 穣

発行者／今井博揮
発行所／株式会社ナチュラルスピリット
〒101-0051 東京都千代田区神田神保町3-2 高橋ビル2階
TEL 03-6450-5938 FAX 03-6450-5978
E-mail: info@naturalspirit.co.jp
ホームページ: http://www.naturalspirit.co.jp/

印刷所／中央精版印刷株式会社


ISBN978-4-86451-296-1 C0011